Meine Erfahrungen als Henker

James Berry

(Herausgeber: H. Snowden Ward)

Writat

Diese Ausgabe erschien im Jahr 2024

ISBN:

Herausgegeben von
Writat
E-Mail: info@writat.com

Nach unseren Informationen ist dieses Buch gemeinfrei.
Dieses Buch ist eine Reproduktion eines wichtigen historischen Werkes. Alpha Editions verwendet die beste Technologie, um historische Werke in der gleichen Weise zu reproduzieren, wie sie erstmals veröffentlicht wurden, um ihre ursprüngliche Natur zu bewahren. Alle sichtbaren Markierungen oder Zahlen wurden absichtlich belassen, um ihre wahre Form zu bewahren.

Inhalt

EINFÜHRUNG.

D ABSICHT des Autors und des Herausgebers dieses Büchleins war es, so klar und einfach wie möglich bestimmte Fakten und Meinungen zu einem zweifellos äußerst wichtigen Thema darzulegen – der Vollstreckung des endgültigen Urteils des Gesetzes. Zwar wurden Fakten in keiner Weise umgangen oder falsch dargestellt, aber viele schreckliche Details wurden unterdrückt; so dass Menschen, die versucht sein könnten, das Buch in der Erwartung grauenhafter Beschreibungen zur Hand zu nehmen, gleich zu Beginn gewarnt seien, dass sie enttäuscht werden.

Man geht davon aus, dass eine Veröffentlichung der Erfahrungen von Herrn Berry viele Irrtümer und Missverständnisse hinsichtlich der Art und Weise, wie die Todesstrafe in England vollstreckt wird, richtigstellen wird und dass sie zu einer Betrachtung des gesamten Themas aus praktischer und nicht aus sentimentaler Sicht führen wird.

Die Verwaltung und, wenn möglich, die Regeneration der kriminellen Klassen ist eine der schwerwiegendsten Aufgaben, denen sich die Zivilisation stellen muss; und diejenigen, die eine solche Aufgabe übernehmen, benötigen so viel Licht wie möglich auf das Thema. Der öffentliche Scharfrichter hat viele und besondere Gelegenheiten, die kriminellen Klassen zu studieren und ihre Haltung und Gefühle in Bezug auf die Todesstrafe kennenzulernen, die die Zivilisation als ihre stärkste Waffe im Kampf gegen das Verbrechen betrachtet. Wenn, wie im Fall von Mr. Berry, zu seiner Erfahrung als Scharfrichter mehrere Jahre Erfahrung in verschiedenen Polizeikräften hinzukommen, muss der Mann, der diese außergewöhnlichen Gelegenheiten hatte, Kriminelle und Verbrechen zu studieren, zwangsläufig viele Informationen gesammelt und sich Meinungen gebildet haben, die der Beachtung wert sind.

Daher verfolgt dieses Buch ein höheres Ziel als die bloße Aufzeichnung der Umstände und Vorfälle des schmerzhaftesten Geschäfts, das ein Mensch eingehen kann. Die Aufzeichnung ist notwendig, denn ohne die Fakten vor Augen könnten sich die Leser keine eigene Meinung bilden; es ist jedoch zu hoffen, dass die Fakten mit mehr als bloßer Neugier gelesen werden, dass die Leser dazu gebracht werden, ein persönliches Interesse an den schwachen und irrenden Brüdern zu entwickeln, die die kriminellen Klassen bilden, den Krebswurm unseres sozialen Systems.

Eine Erklärung, wie dieses Buch geschrieben wurde, ist vielleicht nicht unangebracht. Die Aussagen stammen *vollständig* vom Autor, obwohl die Worte in vielen Fällen die des Herausgebers sind, dessen Aufgabe darin bestand, die Masse an Material, die ihm von Mr. Berry zur Verfügung gestellt wurde, neu zu ordnen und stark zu verdichten. Der erzählende und beschreibende Teil des Werks stammt aus einer Reihe von Notizbüchern und einem Zeitungsausschnittsbuch von Mr. Berry, der die kleinsten Einzelheiten in seinen Tagebüchern aufnimmt. Ein Kapitel – „Meine erste Hinrichtung" – ist Wort für Wort so, wie es im Tagebuch geschrieben wurde, mit der Ausnahme, dass einige ganze Seiten mit beschreibenden Einzelheiten ausgelassen und durch Punkte gekennzeichnet sind (so ...). Das Kapitel „Über die Todesstrafe" und Teile anderer Kapitel wurden von Mr. Berry nicht ausführlich niedergeschrieben, sondern in Form von vollständigen Notizen beigefügt und die Hauptteile diktiert. In jedem Fall sind die Meinungen jedoch die des Autors, mit dem der Herausgeber keineswegs vollständig persönlich übereinstimmt.

KAPITEL I.
Der Henker zu Hause.
VON H. SNOWDEN WARD.

J. WIRD zwar von manchen Leuten als Monster und von anderen als Kuriosität angesehen, aber wenn man ihn näher kennenlernt, ist er doch sehr ähnlich wie jeder andere Arbeiter. Er ist weder ein Musterbeispiel an Perfektion noch die Verkörperung aller Laster – obwohl verschiedene Klassen von Menschen ihn zeitweise unter diese beiden Beschreibungen eingeordnet haben. Sein Charakter ist ein interessantes Studienobjekt – eine Mischung aus sehr starken und sehr schwachen Charakterzügen, wie man sie selten bei einer Person findet. Und obwohl eine seiner Schwachstellen seine offenherzige Offenheit ist, die er so weit wie möglich zu kontrollieren versucht, hat der Mann, der erst seit ein paar Tagen mit ihm zusammen ist, die Tiefen seines Charakters noch nicht ergründet. Seine Frau hat mir mehr als einmal gesagt: „Ich lebe seit neunzehn Jahren mit ihm zusammen, aber ich kenne ihn noch nicht ganz", und man kann das durchaus verstehen, da sein Charakter so vielseitig und in mancher Hinsicht widersprüchlich ist. Dies erklärt teilweise die unterschiedlichen und widersprüchlichen Ansichten über seine Persönlichkeit, die in verschiedenen Zeitungen veröffentlicht wurden.

Seine größte Stärke ist seine Weichherzigkeit. Dies kann man vielleicht bezweifeln, aber ich stelle diese Tatsache aufgrund umfassender Kenntnisse fest. Mr. Berrys Beruf wurde keineswegs aus Liebe zum Grausamen oder aus Freude an der Arbeit gewählt. Sogar in seinem Beruf als Henker hat sich seine Weichherzigkeit gezeigt, denn obwohl sie ihn auf dem Schafott nie zurückschrecken ließ, hat sie ihn dazu gebracht, die Wissenschaft seines Fachs äußerst sorgfältig zu studieren und große Anstrengungen zu unternehmen, um den Tod schmerzlos zu machen.

Für diesen Charakterzug habe ich viele Beweise erhalten. Ich weiß zum Beispiel, dass er manchmal, wenn er zu einer Hinrichtungsstätte aufbrechen sollte, eine so große Abneigung gegen diese Aufgabe hatte, dass seine Frau und ihre Mutter sich gezwungen sahen, alle möglichen Überredungskünste anzuwenden, um ihn davon abzuhalten, seiner Pflicht zu entgehen. Ein weiteres Beispiel für diese Eigenschaft zeigte sich, als ich sein Manuskript und seine Ausschnitte für dieses Buch durchging. Ich stieß auf die Kopie eines Gedichts mit dem Titel „Für einen zum Tode Verurteilten" und erkundigte mich danach. Ich fand heraus, dass es sich bei den Zeilen um solche handelte, die Mr. Berry aus einer Zeitung in Dorchester kopiert hatte, und dass er seit langem die Gewohnheit hatte, eine Kopie davon anzufertigen und sie dem Kaplan in jedem Fall zu schicken, in dem ein Gefangener zum Tode verurteilt wurde, mit der Bitte, sie dem Gefangenen vorzulesen. Dies ging so weiter, bis der Leiter eines der Gefängnisse die Zusendung eines solchen Gedichts an den Kaplan übel nahm und andeutete, dass der Kaplan in allen Fällen am besten beurteilen könne, was für den Verurteilten notwendig sei, und keine Einmischung von außen benötige. Danach schickte Mr. Berry keine Gedichte mehr, aber er behielt ein oder zwei Kopien bei sich, und ich denke, dass es den Leser interessieren könnte.

ZEILEN FÜR EINEN ZUM TODE VERSEHENTLICHEN.

Mein Bruder, setz dich und denke nach,

Während dir noch einige Stunden auf Erden verbleiben;

Knie vor deinem Gott, der nicht vor dir zurückweicht,

Und lege deine Sünden auf Christus, der für dich gestorben ist.

Er ruht seine verwundete Hand

Mit liebevoller Güte auf deine sündenbefleckte Stirn,

Und sagt: „Hier an deiner Seite stehe ich bereit,

Um deine scharlachroten Sünden schneeweiß zu machen.

„Ich habe mein Blut nicht vergossen

Für sündlose Engel, gut und rein und wahrhaftig;

Für hoffnungslose Sünder floss diese purpurne Flut,

Mein Herzblut floss für dich, mein Sohn, für dich.

„Obwohl du mich sehr betrübt hast,

Meine Arme der Barmherzigkeit sind immer noch weit geöffnet,

Ich halte immer noch die leuchtende Tür des Himmels offen,

Komm dann – suche Zuflucht in meiner verwundeten Seite.

„Die Menschen meiden dich – aber ich nicht,

Komm näher zu mir – ich liebe meine irrenden Schafe.

Mein Blut kann deine Sünden von schwärzester Farbe reinigen,

Ich verstehe, wenn du nur weinen könntest."

Dir fehlen die Worte – tu nichts,

Dein Erlöser kann sogar einen Seufzer oder eine Träne lesen;

Ich kam, sündengeplagtes Herz, um zu heilen und zu binden,

Und starb, um dich zu retten – du bist mir am Herzen.

Komm jetzt, die Zeit ist kurz,

Ich warte voller Verlangen zu vergeben und zu segnen.

Schaut zu mir auf, meine Schafe, die ich so teuer erkauft habe,

Und sagen Sie: „Vergib mir, bevor es zu spät ist."

EBC

Mr. Berry ist von Natur aus sanftmütig und würde für seinen Posten völlig ungeeignet sein, wenn er nicht über eine starke Entschlossenheit verfügen und seine Gefühle beherrschen könnte, wenn er merkt, dass seine Pflicht seiner Neigung entgegensteht.

Er ist ein freundlich aussehender Mann, untersetzt und muskulös, mit rosiger Haut und sandfarbenem Haar. Er ist 1,73 m groß, wiegt 82 kg und sieht nicht aus wie jemand, der absichtlich jemanden verletzen würde. Das Aussehen seiner rechten Wange ist durch eine lange, tiefe Narbe etwas getrübt, die sich vom Augenwinkel nach unten erstreckt und die zu der einen oder anderen Sensationsgeschichte aus der Feder fantasievoller Zeitungsleute geführt hat. Die Narbe entstand durch den Tritt eines Pferdes, das er als etwa zehnjähriger Junge zu reiten versuchte. Das Pferd war jung, ungezähmt und bösartig, und sein Tritt hätte ihn nur knapp tödlich getroffen. Quer über seine Stirn zieht sich eine weitere große Narbe, die Folge eines fürchterlichen Schlages, den er erlitten hat, als er einen verzweifelten Charakter in einem Wirtshaus in Bradford festnahm. Der Mann gehörte zu einer sechsköpfigen Bande und seine Kameraden halfen ihm, sich gewaltsam gegen die Festnahme zu wehren. Berry ließ seinen Gefangenen jedoch nicht aus den Augen, bis dieser sicher im Rathaus von Bradford eingesperrt war. Anschließend mussten alle sechs Männer für den Überfall „eine Gefängnisstrafe absitzen".

Mr. Berry wurde am 8. Februar 1852 in Heckmondwike in Yorkshire geboren. Sein Vater war Wollhefter und hatte eine gute Stellung in der Gegend. Der junge Berry erhielt seine Schulbildung an der Wrea Green School in der Nähe von Lytham, wo er mehrere Preise für sein Schreiben und Zeichnen erhielt. Seine Schreibfähigkeiten kamen ihm später im Leben zugute, als er von einem Lithografen angestellt wurde, um „Kupferstich"-Transfers zu machen. 1874 heiratete er und hatte sechs Kinder. Von diesen starben zwei Jungen und ein Mädchen in jungen Jahren, und zwei Jungen und ein Mädchen leben noch.

Das „Henkerbüro", wie Mr. Berry es in seinen offiziellen Mitteilungen gerne nennt, ist ein Haus gleich neben der City Road in Bradford. Es ist eines von sechs Häusern, die Mr. Berry gehörten. Als er die Stelle als Henker antrat, waren einige seiner Nachbarn so voreingenommen gegenüber der Arbeit, dass sie sich weigerten, „neben einem Henker" zu wohnen, und da Grundbesitzer natürlich etwas dagegen haben, zwei oder drei Mieter zu verlieren, um einen zu behalten, musste Mr. Berry ein- oder zweimal umziehen und kam zu dem Schluss, dass er besser sein eigener Vermieter sein sollte. Die damals bestehenden Vorurteile sind inzwischen überwunden, und es ist heute kein Problem mehr, benachbarte Häuser an anständige Mieter zu vermieten.

Das Haus in Bilton Place ist genauso eingerichtet wie Hunderte anderer Häuser in dem Viertel, die von Handwerkern der besseren Klasse bewohnt werden, und es ist überhaupt nichts Düsteres oder Grauenhaftes an dem Ort. Tatsächlich gibt es keinen Hinweis auf die berufliche Tätigkeit des Bewohners. Im vorderen Raum befinden sich zwei Rahmen mit kleinen Fotografien, die eigentlich Porträts einiger der Mörder sind, die von Mr. Berry hingerichtet wurden, aber die Rahmen tragen keine Inschrift. In einer Anrichte mit Glasfront befinden sich außerdem ein paar schöne Elektrobecher, Menagen und ähnliche Gegenstände, die Mr. Berry von einigen seiner Bewunderer geschenkt wurden, aber niemand würde sie mit seiner Tätigkeit in Verbindung bringen. In Schubladen und Schränken im ganzen Haus befinden sich (oder befanden sich, denn sie sind jetzt zu Madame Tussauds gegangen) eine große Anzahl von Reliquien und Erinnerungsstücken an Hinrichtungen und andere Vorfälle. Darunter befindet sich das große Messer, das einst vom Henker von Kanton zur Enthauptung von neun Piraten verwendet wurde. Dies wurde im Tausch gegen ein Seil erhalten, mit dem mehrere Personen gehängt worden waren. Diese Reliquien wurden alle gut verstaut und waren keineswegs „zur Schau gestellt", obwohl der Henker keine Einwände hatte, sie einem persönlichen Freund vorzuzeigen, wenn er sie sehen wollte.

Mr. Berry ist gesprächsgewandt, hat ein Gespür für Anekdoten und Illustrationen und ist voll von subtilem Yorkshire-Humor, den er selbst bei ernsten Themen nicht ganz abschütteln kann. Er hat ein sehr gutes Gedächtnis für Fakten und ist sehr aufmerksam, so dass er zu fast jedem Thema immer eine persönliche Erfahrung oder Beobachtung parat hat. Seine Vorlieben sind einfach. Seine Lieblingsbeschäftigungen sind Angeln und Otterjagd, beides Sportarten, die er leidenschaftlich liebt. Wenn er zu einer Hinrichtung in eine Kleinstadt geht, nimmt er oft seine Angel und seinen Korb mit und geht vor oder nach der Hinrichtung einen halben Tag lang angeln. Er scheint den Sport wegen seiner ruhigen und besinnlichen Art zu mögen und sagt, dass ihm das Angeln Spaß macht, auch wenn er nie einen Biss bekommt.

Zu Hause widmet sich Mr. Berry hauptsächlich mechanischen Tätigkeiten. Zurzeit arbeitet er an einem Patent, das er vor kurzem erworben hat, und hat das oberste Zimmer seines Hauses als Werkstatt mit Drehbank, Werkbank usw. eingerichtet. In seiner Freizeit widmet er sich viel Zeit seinen Tauben und Kaninchen, denn er ist ein begeisterter Liebhaber und hält eine große Anzahl lebender Haustiere.

KAPITEL II.
Wie ich Henker wurde.

GESAGT , ICH schon als Junge gern die abstoßenden Einzelheiten des Verbrechens genossen und alle Polizeiliteratur gelesen habe, die ich bekommen konnte. Solche Aussagen sind absolut falsch. Als Junge war ich kein großer Leser zu irgendeinem Thema, und Gerichtsverhandlungen und die Karrieren von Kriminellen interessierten mich überhaupt nicht, bis ich 1874 Mitglied der Polizei von Bradford wurde.

Als Polizist war ich bestrebt, meine Pflicht so gut zu erfüllen, wie es jeder konnte, und wünschte mir oft, ich könnte besser für meine Frau und meine Familie sorgen. Doch ich habe nie davon geträumt, Henker zu werden, und ich habe mich auch nie für das Thema Hängen interessiert.

Eines Tages, als ich das Haus eines Freundes besuchte, der auf meinem Revier lag, traf es sich, dass Mr. Marwood dort wohnte, und ich wurde ihm vorgestellt. Ein paar Tage später traf ich ihn wieder und verbrachte einen Abend mit ihm. Er war ein ruhiger, bescheidener Mann, freundlich und fast wohlwollend in seinem Benehmen, der sich in keiner Weise seines Berufs schämte, obwohl er sehr zurückhaltend darüber sprach, außer mit denen, die er gut kannte. Er spürte die Abscheu, mit der sein Amt in der Öffentlichkeit betrachtet wurde, sehr deutlich und versuchte, durch die zufriedenstellende Erfüllung seiner Pflichten und durch ein respektables Privatleben das Stigma zu beseitigen, das er für unverdient hielt. Manchmal war die Einstellung der Öffentlichkeit ihm gegenüber sehr deutlich spürbar, und ich erinnere mich gut daran, dass er einmal, als dieses Thema Gesprächsthema beim Abendessen war, zu einem anwesenden Herrn sagte: „Meine Position ist nicht angenehm", und sich an mich wandte und mit Nachdruck wiederholte: „Nein! Es ist *keine* angenehme." Die Worte schienen aus tiefstem Herzen zu kommen, und ich werde ihr Pathos und ihre Gefühle nie vergessen. Insgesamt hat Mr. Marwood mich nie dazu ermutigt, mit Neid an seinen Beruf zu denken, und obwohl er mir alle Einzelheiten seiner Methoden und Geräte verriet, geschah dies nur, weil ich aus natürlicher Neugier alle möglichen Fragen stellte.

Nur wenn ich mit Mr. Marwood zusammen war, mit dem ich mich recht gut anfreundete, dachte ich über die Todesstrafe nach. Zu anderen Zeiten war sie weit weg von meinen Gedanken. Meine Bewerbung um die Stelle, die nach seinem Tod frei wurde, war daher keineswegs das Ergebnis eines persönlichen Wunsches nach der Arbeit oder eines vorgefassten Plans. Mich trieb einfach die Armut meiner Familie dazu, die ich mit meinem Verdienst nicht einigermaßen versorgen konnte (ich arbeitete damals als Schuhverkäufer mit einem geringen Gehalt). Ich wusste, dass es in dem

Bereich, in dem ich damals arbeitete, keine Aussicht auf eine wesentliche Verbesserung meiner Lage gab; ich wusste, dass ich kein Mann mit außergewöhnlichen Fähigkeiten war, sodass meine Aufstiegschancen gering waren, und ich betrachtete die freie Stelle des Henkers als wahrscheinlich meine einzige Chance im Leben, meine „Chance in den Angelegenheiten der Menschen". Persönlich war mir die Arbeit sehr unangenehm, obwohl ich sie in keiner Weise als unehrenhaft oder entwürdigend empfand, und ich musste die Wünsche meiner Familie gegen meine persönlichen Neigungen abwägen. Damals schien mir meine Pflicht klar, also bewarb ich mich um die freie Stelle.

Man könnte sagen, dass ich mich dazu entschlossen habe, mich zu verbessern, ohne Rücksicht auf die Mittel dieser Verbesserung oder auf meine Eignung für die Stelle. Als ich die Sache jedoch in den wenigen Tagen vor dem Absenden meiner Bewerbung sorgfältig überlegte, war ich davon überzeugt, dass ich die Arbeit genauso gut erledigen konnte wie jeder andere und dass ich einige der Methoden praktisch verbessern und das Los derjenigen, die zum Sterben bestimmt waren, etwas verbessern konnte. Diese letzte Überlegung gab mir schließlich den Ausschlag.

Ich bewarb mich im September 1883 bei den Sheriffs von London und Middlesex. Es gab etwa 1400 Bewerber für die Stelle, aber nachdem ich eine Weile gewartet hatte, erhielt ich den folgenden Brief, in dem mir mitgeteilt wurde, dass ich einer der wenigen sei, aus denen die endgültige Auswahl getroffen werden sollte:——

London.

Die Sheriffs von London und Middlesex werden am kommenden Montag, dem 24. dieses Monats, um 14.00 Uhr im Old Bailey sein, um die ausgewählten Bewerber für die Stelle des Henkers zu sehen.

Wenn Sie (als einer der Auserwählten) geneigt sind, zu der oben genannten Zeit und am oben genannten Ort teilzunehmen, steht es Ihnen frei, dies auf eigene Kosten zu tun.

19. September 1883.
An Herrn J. Berry.

Natürlich nahm ich den Termin wahr, wurde zusammen mit etwa neunzehn anderen ordnungsgemäß untersucht und mir wurde mitgeteilt, dass man sich mit dem ausgewählten Henker in Verbindung setzen würde.

Meine Bewerbung um die Stelle entsprach überhaupt nicht den Wünschen meiner Verwandten, die alles taten, um zu verhindern, dass ich die Stelle bekam. Einige meiner Freunde und Nachbarn schrieben entweder über Anwälte oder persönlich an die Sheriffs. Einige Mitglieder meiner eigenen

Familie reichten beim Innenminister eine Petition ein, die Bewerbung abzulehnen, mit der Begründung, dass eine bis dahin angesehene Familie entehrt würde, wenn ich die Stelle erhielte . Ich glaube, dass ich hauptsächlich aufgrund dieser Äußerungen übergangen und die Stelle an Herrn Bartholomew Binns vergeben wurde. Auf mich selbst hatte der Widerstand eine nicht beabsichtigte Wirkung. Er ließ mich viel über die Einzelheiten der Arbeit eines Henkers nachdenken und mich dazu bringen, mein Bestes zu tun, um die Stelle zu bekommen, wenn sich jemals wieder die Gelegenheit dazu bieten sollte. Während der vier Monate, in denen Herr Binns die Stelle innehatte, hatte ich Konsultationen mit einigen hervorragenden Medizinern, und als viel früher als erwartet ein neuer Henker gesucht wurde, war ich mit der Theorie des Themas sehr gut vertraut. Im März 1884 suchten die Richter der Stadt Edinburgh nach einem Mann, der die beiden Wilddiebe Vickers und Innes hinrichten sollte. Die Sheriffs von London und Middlesex gaben mir eine Empfehlung, und ich richtete den folgenden Brief an die Richter von Edinburgh:

13. *März 1884.* 52, Thorpe Street, Shearbridge, Bradford, Yorkshire .

An die Richter
der Stadt Edinburgh.

Sehr geehrte Damen und Herren,

Ich möchte mich mit aller Hochachtung an Sie wenden und fragen, ob Sie mir gestatten, die Hinrichtung der beiden Sträflinge durchzuführen, die derzeit in Edinburgh zum Tode verurteilt sind. Ich war sehr eng mit dem verstorbenen Mr. Marwood verbunden, und er machte mich gründlich mit seinem System der Durchführung seiner Arbeit vertraut, sowie mit den Informationen, die er von den Ärzten verschiedener Gefängnisse erhielt, die er besuchen musste, um das letzte Urteil des Gesetzes zu vollstrecken. Ich habe jetzt ein Seil von ihm, das ich in Horncastle von ihm gekauft habe, und habe zwei daraus machen lassen. Ich habe auch zwei Fesselriemen aus seinem Material gemacht, außerdem zwei Beinriemen. Ich habe gesehen, wie Mr. Calcraft vor 13 Jahren drei Sträflinge in Manchester hingerichtet hat, und sollten Sie es für angebracht halten, mir den Posten zu geben, würde ich mich bemühen, Ihre Schirmherrschaft zu verdienen. Ich habe 8 Jahre bei der Polizei von Bradford & West Riding gedient und bin ohne einen Makel an meinem Charakter zurückgetreten und könnte Sie hinsichtlich meiner Fähigkeiten und Eignung für den Posten überzeugen. Sie können sich an Mr. Jas. wenden. Withers, Chief Constable, Bradford, außerdem an den High Sheriff der City of London, Mr. Clarence Smith, Mansion House Buildings, 4, Queen Victoria Street, London, EC, der meinen Charakter und meine Eignung zur Ausübung des Gesetzes bezeugen wird. Sollten Sie mich

benötigen, stehe ich Ihnen innerhalb von 24 Stunden zur Verfügung. Ich
hoffe, diese wenigen Zeilen finden Ihre Zustimmung. Ich verbleibe, meine
Herren,

Ihr gehorsamster Diener,
JAMES BERRY .

An die obersten Richter
des Bezirks Edinburgh,
Schottland.

PS: Eine Antwort wäre mir eine große Ehre, ich würde sie als einen Gefallen
auffassen.

Es folgte ein kurzer Briefwechsel und am 21. März erhielt ich vom
Gerichtsschreiber den folgenden Brief:

Stadtkammern, Edinburgh,
21. März 1884.

Herr,

In Bezug auf Ihre Briefe vom 13. und 15. dieses Monats möchte ich Ihnen
von den Richtern mitteilen, dass sie Ihr Angebot, hier am Montag, den 31.
März als Henker zu fungieren, annehmen, unter der Bedingung, dass (1) Sie
Ihren Assistenten mitbringen und (2) Sie und Ihr Assistent am Freitag, den
28. dieses Monats, morgens in Edinburgh eintreffen und (auf Kosten der
Richter) bis nach Abschluss der Hinrichtungen im Gefängnis wohnen.

Die Richter stimmen Ihren Bedingungen von zehn Guineen für jede
hingerichtete Person und 20 Schilling für jede hingerichtete Person an Ihren
Assistenten zu, mit Bahnfahrten zweiter Klasse für Sie beide, sofern Sie über
alle notwendigen Voraussetzungen für die Hinrichtungen verfügen.

Ich bin, Herr,
Ihr gehorsamer Diener,

A CAMPBELL ,
stellvertretender Stadtschreiber.

Herr James Berry,
52, Thorpe Street,
Shearbridge,
Bradford, Yorks.

PS: Bitte bestätigen Sie den Erhalt dieses Briefes umgehend. – AC

Natürlich antwortete ich, dass ich den Auftrag annehme, und obwohl ich zwischen diesem Zeitpunkt und dem für die Ausführung festgelegten Tag viele Bedenken hatte, wurde die Arbeit zufriedenstellend ausgeführt.

Calton Gaol, von Calton Hill aus.

KAPITEL III.
Meine erste Hinrichtung. [A]

AM 21. MÄRZ 1884 ERHIELT ICH EINEN BRIEF VOM AMTSSCHREIBER DER STADTKAMMER EDINBURGH, IN DEM ICH ZUM HENKER AM 31. MÄRZ 1884 IM CALTON GAOL ERNANNT WURDE UND MIT Mitteilung versehen wurde, dass ich alle dafür notwendigen Geräte bereitstellen sollte. Ich übernahm meine Aufgabe und verließ am Donnerstag, dem 27. März 1884 mein Zuhause in Bradford, machte mich auf den Weg zum Midland Station und buchte eine Fahrt 3. Klasse nach Edinburgh, um die Hinrichtung der Mörder von Gorebridge durchzuführen. Ich kam um 16.20 Uhr am Bahnhof Waverley an und mietete eine Droschke, die mich zum Gefängnis fahren sollte. Als ich das Gefängnis erreichte, empfing mich an der Tür ein gut aussehender Wärter, der normale Gefängniskleidung trug und sehr höflich war; und als ich durch das große Portal ging, wurde ich nach meinem Namen gefragt, und nachdem ich ihn ins Gefängnisbuch eingetragen hatte, die Uhrzeit usw., zog er an einer Schnur, die die Glocke des Gouverneurs läuten ließ, und nach wenigen Augenblicken stand ich dem Gouverneur gegenüber, einem sehr netten Herrn mit militärischem Auftreten und sehr gutem Aussehen. Nachdem wir uns über den Tag und das Wetter unterhalten hatten und darüber, was für eine Reise ich von Bradford vor mir hatte, sagte er, nach so einer langen Reise würde ich einen guten, kräftigen Tee brauchen; und sobald ich gewaschen und meine Haare gekämmt hatte, war der Tee da, alles, was man sich wünschen konnte. Ich setzte mich und genoss meine erste schottische Mahlzeit im schönen Schottland ...

[Anschließend wird ausführlich beschrieben, wie der Gouverneur ihn und seine Ausrüstung untersuchte und wie er das Schafott inspizierte.] ... Ich kehrte in mein Zimmer zurück und blieb tagsüber dort. Die Nacht vom Donnerstag verbrachte ich mit Rauchen und Lesen. Um 22:00 Uhr wurde ich in mein Schlafzimmer geführt, ein rundes Haus im hinteren Teil des Gefängnisses, etwa 40 Meter vom Hintereingang entfernt, ein gemütliches kleines Plätzchen, und man teilte mir mit, dass der letzte Mann, der in diesem Zimmer geschlafen hatte, Wm. Marwood war, der fünf Jahre vor meinem Besuch dort gewesen war. Er war damals aus demselben Grund dort wie ich, aber der Täter in seinem Fall war ein Giftmischer. Der Oberaufseher, mit dem ich sprach, schien das Thema nur sehr widerwillig anzusprechen und sagte, er sei wegen der beiden Täter ziemlich beunruhigt und hoffe, sie würden auf Bewährung freigelassen. Ich konnte in seinem Gesicht einen tiefen Ausdruck der Trauer sehen, der ihn in seinem Beruf nicht besser aussehen ließ ... Nachdem er gegangen war, setzte ich mich auf mein Bett, schloss meine Tür ab und konnte die Züge unter der Gefängnismauer vom

Bahnhof abfahren hören. Ich sah aus meinem Fenster auf die Post, die in Richtung Süden abfuhr ... Dann kniete ich nieder und bat den Allmächtigen, mir bei meiner schmerzhaftesten Aufgabe zu helfen, die ich zu erfüllen übernommen hatte ... [Die Nacht wurde durch das anhaltende Rauchen des Schornsteins sehr gestört.] ... Am Morgen des 28., Freitag, wurde mir um 8:00 Uhr mein Frühstück aufs Zimmer gebracht, bestehend aus Toast, Schinken und Eiern sowie Kaffee ... Am Freitagmorgen, dem 28. März 1884, wurde ich um 10:00 Uhr den Richtern und den Verantwortlichen vorgestellt, um mir die Hinrichtung anzusehen. Ich legte ihnen meine Seile und Riemen zur Inspektion vor, und nach einer langen und sorgfältigen Untersuchung aller Punkte zogen sie sich zurück, vollkommen zufrieden mit ihrem Besuch. Danach statteten wir dem Schafott einen weiteren Besuch ab; die Bauarbeiter, die den Auftrag noch nicht abgeschlossen hatten, nahmen den letzten Schliff an dem neu errichteten Schuppen vor, um die Ausführung geheim zu halten und damit niemand von außen zusehen konnte. Nachdem sie ihn mit Zementsäcken, die das gleiche Gewicht wie die Gefangenen hatten, getestet und die Fallhöhe und ihre Folgen sowie andere Einzelheiten berechnet hatten, ging das Komitee. Danach verbrachte ich meine Zeit damit, auf dem Gefängnisgelände umherzugehen und an die armen Männer zu denken, die sich ihrem Ende näherten, voller Leben und im Wissen um die tödliche Stunde, die mir beim Gedanken daran ganz übel wurde. Meine Mahlzeiten schienen mir nicht gut zu tun, mein Appetit begann nachzulassen, nichts tat mir gut, alles, was ich in meinen Mund steckte, fühlte sich wie Sand an, und ich wünschte, ich hätte nie einen so schrecklichen Beruf ergriffen. Ich bereute es eine Weile, und dann dachte ich, die Öffentlichkeit würde nur denken, ich hätte nicht den nötigen Mut, und ich würde nicht zulassen, dass meine Gefühle mich überwältigten, also gab ich solchen Gedanken nie wieder nach. Um 13 Uhr war mein Abendessen da. Ich ging auf mein Zimmer und setzte mich zu Pudding, Rindfleisch und Gemüse, schottischer Brühe und Cochrane & Cantrells Ginger Ale. Zu dieser Zeit war ich ein völliger Abstinenzler; und ich denke, das ist die sicherste Methode, da ich die traurigen Folgen des übermäßigen Alkoholkonsums miterlebt habe ... Nach dem Tee unterhielt ich mich mit den Wärtern, die ihren Dienst beendeten. Als sie durch das Pförtnertor gingen, bemerkte einer: „Er sieht aus wie ein netter Kerl für so einen Job", ein anderer sagte: „Aber er hat ein böses Auge", und er sei sicher, dass ich es schaffen würde ... Ich blieb mit dem Pförtner und einem (Wärter), der zurückblieb, um zu sehen, was er mich sagen hörte, im Pförtnerhäuschen rauchend zurück; aber ich musterte ihn und konnte an seinem Gesichtsausdruck erkennen, dass ich in seiner Gegenwart nicht viel sagen sollte, da er so gebaut war ... Ich blieb mit dem Pförtner allein, und er sah aus wie ein aufrichtiger, ehrlicher Mann, und er war wie ich. Er sagte: „Ich bin froh, dass Sie in Gegenwart dieses Mannes nie angefangen haben, etwas zu

sagen, denn er hätte bis zum Morgen aufgehört." ... Samstagmorgen, 29. ...
Nach dem Frühstück hatte ich ein weiteres Gespräch mit den Richtern und
traf die letzten Vorbereitungen. Ich testete das Schafott in ihrer Gegenwart
mit den Seilen, die ich am Montagmorgen verwenden wollte, und mit Säcken
voller Zement. Jeder Sack wurde an die gleichen Stellen gelegt, die für die
Verbrecher markiert waren; Vickers, 10 Stone und mehr schwer, 8 Fuß (Fall);
und Innes, 9 Stone, 10 Fuß. Ein Sack repräsentierte den einen, und der
andere Sack den anderen. Ich testete die Seile, indem ich die Fallen losließ,
und die Säcke sanken hinunter. Von diesem Punkt aus stellte ich meine
Berechnungen an, nachdem ich gesehen hatte, wie die Seile mit dem Gewicht
des Zements getestet wurden. Sie schienen alle mit den Ergebnissen recht
zufrieden zu sein. Das Seil bestand aus italienischer Hanfseide, speziell für
diese Arbeit hergestellt, ⅝ Zoll dick und sehr biegsam. Es lief durch eine
Messinghülse, die bei richtiger Anpassung zu einer Verrenkung und einem
schmerzlosen Tod führt ... Nach dem Essen hatte ich die Ehre, ein paar
Stunden in einer offenen Kutsche (die vom Gouverneur zur Verfügung
gestellt wurde) herumzufahren ... was ich genoss, nachdem ich seit meiner
Ankunft am Donnerstag innerhalb der Gefängnistore gewesen war ... Ich
besuchte meinen Freund noch eine Nacht am Tor des Pförtnerhauses. Wir
plauderten über verschiedene Themen des Tages und verbrachten einen
netten, heiteren Abend zusammen, während wir unser Gras rauchten. Dann
hörte ich die Stimme eines Besuchers aus dem Stadtbüro an der Tür, der
erklärte, dass ein Aufschub abgelehnt worden sei und das Gesetz seinen Lauf
nehmen müsse, und ich ließ mir ein Papier mit dem vollständigen Wortlaut
„ MÖRDER VON GOREBRIDGE, KEIN AUFSCHUB" SCHICKEN , wodurch ich
mich eine Zeit lang genauso schlecht fühlte wie die Zum Tode Verurteilten.
Aber der nette Pförtner und ein anderer Wärter haben es mir für eine Weile
aus dem Kopf geschlagen ... Ich ging wie üblich um 22:00 Uhr zu Bett,
nachdem ich meine Gebete gesprochen hatte, und dachte, ich würde nur
noch eine Nacht brauchen und dann wieder bei meiner Frau und meinen
Kindern sein. Samstagnacht war ich sehr unruhig und fühlte mich nicht so
erholt von meinem Schlaf, da ich an die armen Geschöpfe dachte, die ihre
Stunden in der Gefängniszelle gleich neben meiner Zelle schlummerten, und
an das schreckliche Schicksal, das sie in so kurzer Zeit erwartete. Zwei
Männer in voller Blüte, die ein so frühes Ende fanden und ihre Frauen und
großen Familien zurückließen. Eine arme Frau, so erfuhr ich, war so
erschüttert, dass sie in die Anstalt eingewiesen wurde, sie nahm sich das sehr
zu Herzen ... Ich zog mich in mein Tageszimmer am Haupteingang zurück,
wo ich nur sehr sparsam von dem schönen und verlockenden Schinken und
den pochierten Eiern aßen, die mir vorgesetzt wurden. Ich verbrachte den
größten Teil des Vormittags damit, mich im Gefängnis umzusehen, während
die Gefangenen in der Kapelle waren, bis es Zeit zum Abendessen war. Mein
Abendessen kam erst um 4:0 Uhr, was man spätes Abendessen nennt und

das aus Milchreis, schwarzen Johannisbeeren, Hühnchen, Gemüse, Kartoffeln, Brot und den üblichen alkoholfreien Getränken besteht. Ich versuchte, das Beste daraus zu machen, aber ich konnte es nur anschauen, da mir der Appetit vergangen war; aber ich schaffte es, ein wenig zu essen, bevor ich mich für die letzte Nacht schlafen legte... Ich ging am Sonntag um 10:00 Uhr zu Bett, machte aber die ganze Nacht nur Nickerchen, ein Auge zu und das andere offen, und dachte und fantasierte über Dinge nach, die niemals sein werden und die unmöglich sind. Ich war um 5:00 Uhr angezogen und auf und fühlte mich mehr tot als lebendig, da ich eine so wichtige Rolle im Tagesprogramm zu spielen hatte. Ich bildete mir ein, die Seile würden reißen; ich bildete mir ein, ich zitterte und konnte es nicht tun; ich bildete mir ein, mir würde gerade beim letzten Stoß schlecht werden. Ich war innerlich fast außer mir, aber ich ließ es sie nie wissen. Es war 6:00 Uhr. Ich hörte das Geräusch von Schlüsseln, das Klappern von Türen und das Schieben von Riegeln. Das Frühstück musste früher als gewöhnlich serviert werden. Kein Gefangener durfte seine Zelle verlassen, bis alles vorbei war. Das Publikum hatte begonnen, sich in Gruppen auf dem Calton Hill zu versammeln. Es war 7:00 Uhr. Ich machte mich auf den Weg zum Schafott, traf meine Vorbereitungen und verließ den Schafottschuppen. Der Hauptwärter verschloss die Tür, damit sie nicht wieder geöffnet werden konnte, bis der Zug zum großen Ereignis des Tages eintraf ... Um 7:45 Uhr machte sich die lebende Gruppe auf den Weg zum Gefängnis und ins Arztzimmer, bereit für die letzte Szene des Dramas. Die Gefangenen standen sich zum ersten Mal seit ihrer Verurteilung gegenüber. Sie küssten einander. Es war eine sehr schmerzliche Szene, zu sehen, wie die Kameraden ihr Ende am Galgen finden würden. Sie wurden in das Zimmer neben dem Arztzimmer geführt und beteten nach 8 Uhr 5 mit den beiden anwesenden Geistlichen. Ich wurde gerufen, um meine Pflicht zu tun. Man überreichte mir den Haftbefehl, der von dem Richter ausgestellt worden war, der sie zum Tode verurteilt hatte. Dann fesselte ich die Gefangenen, schüttelte ihnen zuvor die Hände und verabschiedete mich von dieser Welt. Beide Männer schienen die Lage sehr zu spüren. Der Zug wurde aufgestellt, angeführt vom Oberamtmann, während der Kaplan die Litanei für die Toten las. Beide Gefangenen gingen ohne Hilfe zum Hinrichtungsort; sie wurden sofort unter den Balken am Abhang gelegt, wo alles blitzschnell erledigt wurde und beide Schuldigen die höchste Strafe des Gesetzes zahlten ... Die Richter, Ärzte und sogar die Presse gaben zu, dass die Hinrichtung der beiden Männer so human wie möglich durchgeführt worden war und dass die armen Kerle während der Hinrichtung nicht die geringsten Schmerzen erlitten hatten; die Ärzte stellten mir Zeugnis über die geschickte Art und Weise aus, mit der ich die Hinrichtung durchgeführt hatte. Um 9:00 Uhr kam mein Frühstück; und der traurige Anblick, den ich gesehen hatte, erschütterte mich so sehr, dass ich keinen Appetit hatte und nur eine Tasse Kaffee trank; an Essen war jedoch nicht zu denken.

Da dies meine erste Hinrichtung war, war ich natürlich sehr darauf bedacht, von meinen Arbeitgebern die Zusicherung zu erhalten, dass sie zufriedenstellend durchgeführt worden war. Die Richter, der Gouverneur und die Chirurgen drückten ihre Zufriedenheit mit den folgenden Worten aus:

Stadtkammern, Edinburgh,
1. Mai 1884.

Wir, die Richter, die damit beauftragt waren, die Vollstreckung des Todesurteils am 31. März gegen Robert F. Vickers und William Innes im Gefängnis von Edinburgh zu überwachen, bestätigen hiermit, dass James Berry aus Bradford, der als Henker fungierte, seine Pflichten absolut effizient erfüllt hat und dass sein Verhalten während der Zeit, die er hier innehatte, in jeder Hinsicht zufriedenstellend war.

GEORGE ROBERTS , Friedensrichter.
THOMAS CLARK , Friedensrichter.

HM Prison, Edinburgh,
31. März 1884.

Ich bestätige hiermit, dass Herr James Berry, assistiert von Herrn Richard Chester, an diesem Tag in diesem Gefängnis eine Doppelhinrichtung durchgeführt hat und dass alle seine Vorkehrungen auf höchst zufriedenstellende und geschickte Weise getroffen wurden; und außerdem, dass das Verhalten der Herren Berry und Chester während der vier Tage, die sie hier verbrachten, alles war, was man sich wünschen konnte.

J.E. CHRISTIE , Direktor des HM Prison.

Edinburgh, *31. März 1884* .

Wir bestätigen hiermit, dass wir heute der Hinrichtung von Vickers und Innes beiwohnten und ihre Leichen untersuchten. Wir sind der Meinung, dass die Hinrichtung dieser Männer bewundernswert durchgeführt wurde und dass der Henker Berry und sein Assistent sich zu unserer vollsten Zufriedenheit kühl und sachlich verhielten; der Tod trat sofort ein.

JAMES A. SIDEY , MD,
Chirurg im HM Prison of Edinburgh.

Henry D. Littlejohn, MD,
Polizeiarzt.

Ich fürchte, es klingt wie Eigenlob, wenn ich diese „Aussagen"
veröffentliche, aber meine Arbeit wird in der Alltagssprache so oft
verunglimpft, dass ich es für meine Pflicht halte, die Meinungen einiger der
Männer vor Ort wiederzugeben, die am kompetentesten sind, die
Angelegenheit zu beurteilen. Ich glaube, dass die Behörden in jedem Fall, in
dem ich eine Hinrichtung durchgeführt habe, vollkommen zufrieden waren,
und ich könnte zahlreiche Briefe in diesem Sinne vorlegen, aber ich werde
mich mit einem begnügen, und zwar aus dem Gefängnis, in dem ich die
meisten Hinrichtungen durchgeführt habe. Es ist von vor ein paar Jahren,
aber es würde jetzt bestätigt werden, und eine solche Aussage ist für mich
sehr erfreulich.

Strangeways-Gefängnis,
11. Juni 1887.

Während seiner Amtszeit als öffentlicher Scharfrichter hat Herr James Berry
in diesem Gefängnis stets mit der Vollstreckung von Todesurteilen für
Zufriedenheit gesorgt und sein Verhalten war von Festigkeit und Diskretion
geprägt.

JH Purton, Jr.

KAPITEL IV.
Meine Ausführungsmethode.
BERECHNUNGEN UND APPARATUREN.

MEINE ist das Ergebnis der Erfahrungen meiner Vorgänger und mir selbst, unterstützt durch die Vorschläge der Ärzte, und ist eher das Ergebnis allmählicher Entwicklung als die Erfindung eines einzelnen Menschen .

Der Fall.

Der Punkt, der im Zusammenhang mit einer Hinrichtung die größte Aufmerksamkeit erfordert, ist die Bereitstellung eines angemessenen Tropfens für jede hingerichtete Person, und die Regelung dieser Angelegenheit ist bei weitem nicht so einfach, wie sich ein Außenstehender vorstellen könnte.

Natürlich muss der Fall lang genug sein, um einen sofortigen Tod herbeizuführen, das heißt, dass der Tod durch Verrenkung und nicht durch Strangulation herbeigeführt wird. Andererseits darf der Fall auch nicht so stark sein, dass das Opfer äußerlich verstümmelt wird. Wenn alle Mörder, die gehängt werden müssen, genau das gleiche Gewicht und die gleiche Statur hätten, wäre es sehr einfach, die am besten geeignete Falllänge zu finden und immer dieselbe zu verwenden, aber in Wirklichkeit gibt es enorme Unterschiede.

In den ersten Tagen des Hängens war es üblich, dass der Henker die Schlinge um den Hals des Opfers legte und dann am anderen Ende des Seils zog, das durch einen Ring am Gerüstpfosten geführt wurde, bis der Täter erwürgt war, ohne dass er überhaupt herunterfiel. Nach einiger Zeit wurde das Fallsystem eingeführt, aber die Fallhöhe betrug nie mehr als drei Fuß, so dass der Tod im Allgemeinen immer noch durch Strangulation und nicht durch Verrenkung verursacht wurde, wie es heute der Fall ist. Einer nach dem anderen folgten alle unsere englischen Henker demselben Plan, ohne an Änderungen oder Verbesserungen zu denken, bis Mr. Marwood die Stelle antrat. Als humaner Mann dachte er sorgfältig über das Thema nach und kam zu dem Schluss, dass die damals existierende Methode zwar sicher war, aber nicht so schnell oder schmerzlos, wie sie sein sollte. Infolgedessen führte er sein Langfallsystem mit einer Fallhöhe von sieben bis zehn Fuß ein, das einen sofortigen Tod durch Durchtrennung des Rückenmarks verursachte. Ich kannte Mr. Marwood vor seinem Tod flüchtig und hatte durch Gespräche mit ihm einige Einzelheiten seiner Methode erfahren, so dass ich bei meiner ersten Hinrichtung in Edinburgh natürlich nach seinen Methoden vorging. Dieser erste Auftrag bestand darin, Robert Vickers und William Innes hinzurichten, zwei Bergleute, die wegen des Mordes an zwei Wildhütern zum Tode verurteilt worden waren. Die jeweiligen Gewichte waren 10 Stone 4

Pfund und 9 Stone 6 Pfund, und ich ließ sie aus 8 Fuß 6 Zoll bzw. 10 Fuß Höhe fallen. In beiden Fällen trat der Tod sofort ein, und der Gefängnisarzt stellte mir aus, dass die Hinrichtung in jeder Hinsicht zufriedenstellend war. Auf dieser Erfahrung basierte ich eine Tabelle mit Gewichten und Fallhöhen. Ich nahm einen Mann mit 14 Stone als Grundlage und ließ ihn aus 8 Fuß Höhe fallen, was ich für notwendig hielt, und berechnete, dass jedes um einen halben Stone leichtere Gewicht einen zwei Zoll längeren Fall erfordern würde, und die vollständige Tabelle, wie ich sie damals in meine Bücher eintrug, lautete wie folgt:

14	Steine	8	Fuß.	0 In.
13½	"	8	"	2 "
13	"	8	"	4 "
12½	"	8	"	6 "
12	"	8	"	8 "
11½	"	8	"	10 "
11	"	9	"	0 "
10½	"	9	"	2 "
10	"	9	"	4 "
9 ½	"	9	"	6 "
9	"	9	"	8 "
8 ½	"	9	"	10 "
8	"	10	"	0 "

Diese Tabelle habe ich für Personen berechnet, die, wie ich es nennen könnte, „durchschnittlich" gebaut sind, aber sie konnte keineswegs strikt eingehalten werden, um sicher zu sein. Ich musste zum Beispiel mehr als einmal Personen hinrichten, die versucht hatten, sich das Leben zu nehmen, indem sie sich die Kehle durchschnitten, oder die auf andere Weise am Hals verletzt worden waren, und um ein erneutes Aufreißen der Wunden zu verhindern, habe ich den Fall um fast die Hälfte verkürzt. Bei Personen mit sehr fleischiger Statur, die oft schwache Knochen und Muskeln am Hals haben, habe ich den Fall um ein Viertel oder die Hälfte der in der Tabelle angegebenen Distanz verkürzt. Hätte ich dies nicht getan, wären zweifellos zwei oder drei der von mir Hingerichteten der Kopf vollständig abgerissen worden – was in einem Fall tatsächlich geschah, auf den ich noch einmal eingehen werde. Bei Personen mit skrofulösen Neigungen ist es besonders wichtig, dass der Fall ungewöhnlich kurz ist, und in diesen Fällen habe ich manchmal nützliche Hinweise von den Gefängnisärzten erhalten.

Bis zum 30. November 1885 arbeitete ich nach dem bereits angegebenen Maßstab, aber an diesem Tag machte ich das oben erwähnte furchtbare Erlebnis, das mich veranlaßte, das ganze Thema noch einmal zu überdenken und eine allgemeine Tabelle auf einer, wie ich glaube, wahrhaft wissenschaftlichen Grundlage zu erstellen. Das erwähnte Erlebnis wird in einem anderen Kapitel behandelt. Der Mann, dem es passierte, war Robert Goodale, den ich in Norwich Castle hingerichtet habe. Er wog 15 Stone, und der in der ersten Tabelle angegebene Fall wäre daher 7 Fuß 8 Zoll, aber aufgrund seines Aussehens reduzierte ich ihn auf 5 Fuß 9 Zoll, da seine Halsmuskeln nicht gut entwickelt und stark schienen. Aber selbst das war, wie sich herausstellte, nicht kurz genug, und das Ergebnis war eines der schrecklichsten Missgeschicke, die mir je passiert sind. Wie aus dem vollständigen Bericht zu diesem Fall in einem anderen Kapitel hervorgehen wird, sprach mich der Leichenbeschauer von aller Schuld frei und bezeugte, wie sorgfältig ich gearbeitet hatte; aber ich hielt es für äußerst notwendig, alle möglichen Vorsichtsmaßnahmen zu ergreifen, damit sich so etwas nicht wiederholt. Daher erstellte ich eine Tabelle mit der Aufprallkraft fallender Körper unterschiedlichen Gewichts und unterschiedlicher Entfernungen; diese Tabelle finden Sie auf Seite 34. Auf dieser Grundlage berechne ich, dass ein „durchschnittlicher" Mensch, egal welchen Gewichts, bei einem Fall eine Aufprallkraft von 24 Zentnern benötigt, und wenn der Sträfling scheinbar weniger benötigt, schätze ich im Kopf die erforderliche Aufprallkraft ab und kann dann anhand der Tabelle sofort die erforderliche Fallhöhe ermitteln. Um zu sehen, wie diese neue Tabelle funktioniert, nehmen wir noch einmal den Fall von Robert Goodale. Da er 15 Stone wog, betrug seine Aufprallkraft bei einem Fall von 2 Fuß 21 Zentner (21 Pfund) oder bei einem Fall von 3 Fuß 26 Zentner. 7 Pfund, so dass bei einem Mann von normaler Statur die erforderliche Fallhöhe 2 Fuß 6 Zoll betragen würde. Da ich aufgrund seines Aussehens schätzte, dass seine Fallhöhe etwa ein Sechstel geringer als der Standard hätte sein müssen, hätte ich ihm nach dieser neuen Tabelle etwa 2 Fuß 1 Zoll statt der tatsächlich angegebenen 5 Fuß 9 Zoll zugeschrieben. Dies ist ein Extremfall bei einem sehr schweren Mann, aber in der gesamten Tabelle wird man feststellen, dass die Fallhöhe geringer ausfällt als in der ersten Tabelle. Bei Vickers und Innes, den beiden zuvor erwähnten Mördern aus Edinburgh, beispielsweise hätte sich die Fallhöhe von 8 Fuß 6 Zoll bzw. 10 Fuß auf 5 Fuß 6 Zoll bzw. 7 Fuß verringert, wenn sie nach der vorliegenden, überarbeiteten Tabelle behandelt worden wären.

Am 20. August 1891 wurde bei der Hinrichtung von John Conway im Kirkdale Gaol in Liverpool versucht, mir die Falllänge vorzuschreiben, und es kam zu einer äußerst unglücklichen Szene. Nachdem ich den Sträfling Conway gesehen hatte, war ich zu dem Schluss gekommen, dass die Falllänge 4 Fuß 6 Zoll betragen sollte, also etwas unter der Norm. Ich war überrascht und verärgert, als mir Dr. Barr, der, wie ich glaube, auf Autorität handelte, sagte, ich solle einen Fall von 6 Fuß 9 Zoll durchführen. Ich sagte, dass dem Mann dadurch der Kopf komplett abgerissen würde, und weigerte mich schließlich, mit der Hinrichtung fortzufahren, wenn ein so langer Fall durchgeführt würde. Dr. Barr maß dann einen kürzeren Fall ab, etwa zehn oder zwölf Zoll kürzer, aber immer noch viel länger, als ich für nötig hielt, und ich willigte widerstrebend ein, fortzufahren. Das Ergebnis ist jedermann bekannt. Der Fall war nicht so lang, dass dem Opfer der Kopf vollständig abgerissen worden wäre, aber er riss die wichtigsten Blutgefäße im Hals.

SKALA, DIE DIE SCHLAGKRAFT FALLENDER KÖRPER AUS UNTERSCHIEDLICHEN DISTANZEN ZEIGT.

Fallende Distanz in FußNull	8 Stein	9 Stein	10 Stein	11 Stein
	Cw. Qr. lb.	Cw. Qr. lb.	Cw. Qr. lb.	Cw. Qr. lb.
1 Ft.	8 0 0	9 0 0	100 0	11 0 0
2 "	11 1 15	12 2 23	14 0 14	15 2 4
3 "	13 3 16	15 2 15	17 1 14	19 0 12
4 "	16 0 0	18 0 0	20 0 0	22 0 0
5 "	17 2 11	19 3 5	22 0 0	24 0 22
6 "	19 2 11	22 0 5	24 2 0	26 3 22
7 "	21 0 22	23 3 11	26 2 0	29 0 16
8 "	22 2 22	25 2 4	28 1 14	31 0 23
9 "	24 0 11	27 0 12	30 0 14	33 0 23
10 "	25 1 5	28 1 23	31 2 14	34 3 4

Fallende Distanz in FußNull	12 Stein	13 Stein	14 Stein	15 Stein
	Cw. Qr. lb.	Cw. Qr. lb.	Cw. Qr. lb.	Cw. Qr. lb.
1 Ft.	12 0 0	13 0 0	14 0 0	15 0 0
2 "	16 3 22	18 1 12	19 3 2	21 0 21
3 "	20 3 11	22 2 9	24 1 8	26 0 7
4 "	24 0 0	26 0 0	28 0 0	30 0 0
5 "	26 1 16	28 2 11	30 3 5	33 0 0
6 "	29 1 16	31 3 11	34 1 5	36 3 0
7 "	31 3 5	34 1 22	37 0 11	39 3 0
8 "	34 0 5	36 3 15	39 2 25	42 2 7
9 "	36 0 16	39 0 18	42 0 19	45 0 21
10 "	37 3 22	41 0 12	44 1 2	47 1 21

Fallende Distanz in FußNull	16 Stein	17 Stein	18 Stein	19 Stein
	Cw. Qr. lb.	Cw. Qr. lb.	Cw. Qr. lb.	Cw. Qr. lb.
1 Ft.	16 0 0	17 0 0	18 0 0	19 0 0
2 "	22 2 11	24 0 1	25 1 19	26 3 9
3 "	27 3 5	29 2 4	31 1 2	33 0 1
4 "	32 0 0	34 0 0	36 0 0	40 0 0
5 "	35 0 22	37 0 16	39 2 11	41 3 15
6 "	39 0 22	41 2 16	44 0 11	46 2 5

7 "	42 1 16	45 0 5	47 2 22	50 1 11
8 "	45 1 16	48 0 26	51 0 8	53 3 18
9 "	48 0 22	51 0 23	54 0 25	57 0 26
10 "	50 2 11	53 3 1	56 3 19	60 0 9

Ich weiß nicht, wer wirklich für die Störung meiner Berechnung verantwortlich war, aber ich glaube nicht, dass der lange Abfall Dr. Barrs eigene Idee war, denn der Abfall, den ich vorgeschlagen hatte, basierte auf demselben System, das er zuvor empfohlen hatte, und war fast identisch mit dem Abfall, der auf der Grundlage seiner eigenen Empfehlung in einem Brief an die *Times* vor einigen Jahren funktioniert hätte. Dr. Barrs Brief an mich aus dem Jahr 1884 lautete wie folgt:

1, St. Domingo Grove,
Everton, Liverpool, *2. September 1884* .

Herr,

Ich habe das Vergnügen, Ihrer Bitte nachzukommen und Ihnen eine Bescheinigung über die Art und Weise auszustellen, in der Sie die Hinrichtung von Peter Cassidy im HM Prison in Kirkdale durchgeführt haben. Ich darf nun die Aussage wiedergeben, die ich bei der Untersuchung als Zeugin gemacht habe: „Ich habe noch nie eine Hinrichtung erlebt, die zufriedenstellender durchgeführt wurde." Das war für mich sehr erfreulich.

Ihr Seil war von ausgezeichneter Qualität; fein, weich, biegsam und stark. Sie haben den Ring so eingestellt, dass er nach vorne zeigte, wie ich es in meiner Broschüre „Judicial Hanging" empfohlen habe. Sie haben eine ausreichende Falllänge erreicht, wenn man das Gewicht des Täters berücksichtigt, und die Halswirbel zwischen Atlas und Axis (erster und zweiter Wirbel) vollständig ausgerenkt. Ich habe berechnet, dass das Gewicht des Verbrechers, multipliziert mit der Falllänge, zwischen 1120 und 1260 Fußpfund liegen könnte, und ich habe berechnet, dass diese *Kraft* im Fall Cassidy 1140 Fußpfund betrug.

Die Fesselung und andere Einzelheiten wurden mit dem gebotenen Anstand durchgeführt. Ich hoffe, dass es demjenigen, der zum öffentlichen Henker ernannt wird, untersagt wird, gleichzeitig die Rolle eines „Schaustellers" zu übernehmen, um die verdorbene und krankhafte Neugier der Öffentlichkeit zu befriedigen.

JAMES BARR , MD,
Amtsarzt, HM Prison, Kirkdale.

An Herrn James Berry.

Einige Tage nach Conways Hinrichtung erhielt ich einen Brief von einem Herrn aus dem Süden Londons, kurz darauf folgte ein zweiter Brief. Da diese einiges nützliche Licht auf das Thema werfen, gebe ich sie hier vollständig wieder – den Namen des Verfassers lasse ich jedoch aus, da er keine Veröffentlichung wünscht.

22. August 1891.

Bezüglich der Hinrichtung in Kirkdale.

Herr,

Da Ihnen der Unfall bei der Hinrichtung am 20. dieses Monats in Kirkdale fälschlicherweise und höchst ungerechterweise in Rechnung gestellt werden kann und er gleichzeitig von einer Masse fehlgeleiteter Menschen als Grund für die völlige Abschaffung der Todesstrafe angeführt wird, halte ich die folgenden Bemerkungen zum Thema Hängen für nicht fehl am Platz.

Vor einigen Jahren veröffentlichte Dr. James Barr, Amtsarzt im Gefängnis von Kirkdale, einen Brief in der *Times* , in dem er die seiner Meinung nach angemessene Fallhöhe beschrieb. Er sagte, die Fallhöhe müsse so bemessen sein, dass ein Impuls von 2600 Pfund entsteht, wobei „Impuls" das Gewicht des Sträflings multipliziert mit der Geschwindigkeit seines Fallens am Ende des Falls ist. Bei der Schätzung des Gewichts des Sträflings sollte man meines Erachtens das Gewicht (soweit man es schätzen kann) seines Kopfes außer Acht lassen, da das Gewicht seines Kopfes beim Ruck von der Schlinge getragen wird und daher keinen Einfluss auf die Zug- oder Belastungsstärke des Halses hat. Aus dem, was Dr. Barr über den Impuls von 2600 Pfund sagt, lässt sich mit ein wenig Mathematik leicht die folgende Regel ableiten.

Um die Falllänge in Fuß zu ermitteln, teilen Sie die Zahl 412 durch das Quadrat des Körpergewichts des Sträflings in Stone.

Nach der obigen Regel habe ich die folgende Tabelle erstellt:—

Körpergewicht ohne Kopf.	**Länge des Tropfens.**		
15 Steine	1 Fuß.	10 In.	
14 "	2 "	2 "	
13 "	2 "	6 "	
12 "	2 "	11 "	

11	"	3	"	5	"
10	"	4	"	2	"
9	"	5	"	1	"
8	"	6	"	6	"
7	"	8	"	5	"

Das Gewicht des Sträflings Conway, so haben Sie angeblich gesagt, betrug 11 Stone 2 Pfund. Wenn man 1 Stone für das Gewicht seines Kopfes übrig lässt, was vielleicht mehr als ausreichend ist, würde sein Gewicht beim Hängen 10 Stone 2 Pfund betragen, so dass ein Fall von 4 Fuß und einigen Zoll [B] nach der Regel des Arztes für ihn völlig ausreichend gewesen wäre. Über den Wert der Regel kann ich natürlich nichts sagen; ebenso wenig weiß ich aus dem Brief des Arztes, an den ich mich erinnere, ob er die 2600 Pfund Impuls in allen Fällen meinte. Viel hängt von der Statur des Sträflings, der Nackenstärke usw. ab.

Hochachtungsvoll,
XY

(Zweiter Brief.)

25. August 1891.

Bezüglich der Hinrichtung in Kirkdale.

Herr,

Beim Erstellen der Tabelle, die ich Ihnen vor zwei Tagen geschickt habe, habe ich festgestellt, dass mir ein absurder Fehler unterlaufen ist. Er entstand, weil ich aus Versehen ein Steingewicht von 16 Pfund statt 14 Pfund angenommen habe. Ich bitte Sie, mir die Korrektur zu gestatten. Statt der Zahl 412 hätte ich die Zahl 539 angeben müssen. Die korrigierte Regel, die auf Dr. Barrs Impuls von 2600 Pfund basiert, lautet daher wie folgt: Die Falllänge in Fuß ergibt sich aus der Division der Zahl 539 durch das Quadrat der Anzahl der Steine, die der Körper des Sträflings wiegt, ohne das Gewicht seines Kopfes. Wenn also ein Sträfling insgesamt 11 Steine wiegt und wir seinen Kopf als 1 Stein nehmen, erhalten wir eine Falllänge von 539/100 = 5,39 Fuß (ungefähr 5 Fuß 5 Zoll).

Die korrigierte Tabelle lautet wie folgt:

Körpergewicht ohne Kopf.	**Länge des Tropfens.**

15 Steine		2	Fuß.	5	In.
14	"	2	"	9	"
13	"	3	"	2	"
12	"	3	"	9	"
11	"	4	"	6	"
10	"	5	"	5	"
9	"	6	"	8	"
8	"	8	"	3	"
7	"	11	"	0	"

Wenn ich im Fall des Sträflings Conway, der 11 Stone 2 Pfund wog, 1 Stone für den Kopf annehme, gehe ich vielleicht zu viel davon aus; es ist nur eine Schätzung. Wenn sein Kopf 9 Pfund wog, hätte der Fall 4 Fuß 10 Zoll betragen müssen.

Hochachtungsvoll,
XY

PS: Sie werden sehen, dass ein Fehler von 3 oder 4 Pfund bei der Schätzung des Kopfgewichts einen erheblichen Fehler bei der Berechnung des Abfalls darstellt.

Man wird sehen, dass diese Berechnung, bei der das Gewicht des Kopfes beim Hängen nicht berücksichtigt wird, zu einer etwas größeren Fallhöhe führt als meine eigene Tabelle, aber der Unterschied ist nur gering und ich habe immer festgestellt, dass meine eigene Tabelle eine völlig ausreichende Fallhöhe ergibt.

Das Seil.

Der Apparat zur Vollstreckung der Höchststrafe ist sehr einfach. Das wichtigste Element ist das Seil, das unbedingt bestimmte Eigenschaften besitzen muss, wenn der Tod des Verurteilten sofort und schmerzlos erfolgen soll.

Damit die Arbeit erfolgreich verläuft, muss das Seil natürlich stark und biegsam sein, damit es sich frei spannen lässt. Es sollte so dünn wie möglich sein, was der Stärke entspricht, damit die Schlinge frei laufen kann, aber natürlich darf es nicht so dünn sein, dass es die Blutgefäße am Hals nach außen reißt.

Vor meiner ersten Hinrichtung habe ich mir gründlich überlegt, welches Seil am besten geeignet ist. Nachdem ich viele verschiedene ausprobiert und untersucht hatte, entschied ich mich für eines, das ich noch immer verwende. Es besteht aus feinstem italienischen Hanf und ist ¾ Zoll dick. Bevor ich ein Seil für eine Hinrichtung verwende, teste ich es gründlich mit Zementsäcken, die etwa so schwer sind wie der Verurteilte . Durch diese vorläufige Prüfung wird die Schnur gedehnt und gleichzeitig ihr Durchmesser auf ⅝ Zoll reduziert. Das Seil besteht aus 5 Strängen, von denen jeder eine Bruchlast von einer Tonne Eigengewicht hat, sodass es unnötig erscheint, es zu testen, da man befürchten könnte, es könnte sich als zu schwach erweisen. Durch die Dehnung und Verhärtung, die es bei der Prüfung erfährt, ist es jedoch weitaus „geeigneter" und für seine Aufgabe zufriedenstellender als ein neues, unbenutztes Seil.

Es wurde gesagt, dass ich ein Seil mit einem Drahtstrang in der Mitte verwende, aber diese Vorstellung ist so lächerlich, dass ich nicht darauf Bezug nehmen würde, wenn nicht so viele Leute daran glauben würden und mehr als einmal in den Zeitungen darüber berichtet worden wäre. Ein Seil mit einem Drahtstrang hätte meines Erachtens keinerlei Vorteile und so viele praktische Nachteile, dass ich nicht glaube, dass jemand, der sich mit der Materie befasst hat, auf die Idee käme, so etwas zu verwenden. Jedenfalls habe ich es nicht getan und ich weiß, dass weder Mr. Binns noch Mr. Marwood dies jemals getan haben. Mr. Marwood verwendete Seile von ungefähr derselben Qualität und Dicke wie meine eigenen, während Mr. Binns ein viel dickeres Seil (ungefähr 1¼ Zoll Durchmesser nach Gebrauch) aus einer gröberen und weniger biegsamen Hanfsorte verwendete.

Bis Anfang 1890 besorgte ich mir meine eigenen Seile, von denen einige jedoch auf Bestellung der Regierung hergestellt wurden, und ich konnte dasselbe Seil immer wieder verwenden. Eines verwendete ich für nicht weniger als sechzehn Hinrichtungen und fünf andere für jeweils zwölf Hinrichtungen. Diese sind jetzt im Besitz von Madame Tussaud. Anfang 1890 wurde eine neue Regel erlassen, wonach für die meisten Hinrichtungen in England ein neues Seil bereitgestellt und verwendet werden muss und dieses zusammen mit der Kleidung der hingerichteten Person (die früher eine Nebenleistung des Henkers war) von den Gefängnisbeamten unmittelbar nach der Hinrichtung verbrannt wird. In Schottland und Irland besorge ich mir immer noch meine eigenen Seile.

Das Seil, das ich verwende, ist 4,3 Meter lang und hat an einem Ende einen 2,5 cm großen Messingring, durch den das andere Ende des Seils geführt wird, um die Schlinge zu bilden. Eine Lederscheibe, die ziemlich fest um das

Seil passt, wird hinter den Messingring geschoben, um zu verhindern, dass die Schlinge nach dem Anpassen verrutscht oder sich lockert.

Wenn ich das Seil verwende, stelle ich es immer so ein, dass der Ring genau hinter dem linken Ohr liegt. Diese Position ändere ich nie, obwohl natürlich, wenn es dafür einen besonderen Grund gäbe, zum Beispiel wenn der Sträfling einen Selbstmordversuch unternommen hätte und seitlich am Hals verletzt wäre, der Tod herbeigeführt werden könnte, indem man den Ring unter das Kinn oder sogar hinter den Kopf legt. Die Position hinter dem Ohr hat jedoch deutliche Vorteile und ist am besten geeignet, einen sofortigen und schmerzlosen Tod herbeizuführen, weil sie auf drei verschiedene Arten auf dasselbe Ziel hinwirkt. Erstens führt sie zum Tod durch Strangulation, was eigentlich die einzige Todesursache bei der alten Methode des Hängens war, bevor der lange Fall eingeführt wurde. Zweitens verrenkt sie den Wirbel, was heute die eigentliche Todesursache ist. Und drittens, falls ein dritter Faktor notwendig wäre, neigt sie dazu, die Jugularvene innerlich zu reißen, was an sich schon ausreicht, um praktisch einen sofortigen Tod herbeizuführen.

Ritzelriemen usw.

Die Fesselvorrichtung ist wie alle anderen Vorrichtungen für Hinrichtungen sehr einfach. Ein breiter, lederner Leibgurt wird um die Taille des Verurteilten geschlungen, an dem die Armriemen befestigt sind. Zwei anderthalb Zoll breite Riemen mit starken Stahlschnallen umfassen die Ellbogen und befestigen sie am Leibgurt, während ein weiterer Riemen gleicher Stärke um die Handgelenke geht und vorne am Leibgurt befestigt ist. Die Beine werden mithilfe eines einzigen, zwei Zoll breiten Riemens unterhalb der Knie gefesselt. Der Rest der Vorrichtung besteht aus einer weißen, sackförmigen Kappe, die über die Augen des Verbrechers gezogen wird, damit er die letzten Vorbereitungen nicht sieht.

Plan und Aufriss des Drops.

Das Schafott.

Bis vor kurzem unterschieden sich die in den verschiedenen Gefängnissen verwendeten Gerüste sehr in den Einzelheiten ihrer Konstruktion, da es kein offizielles Modell gab, sondern die örtlichen Behörden in jedem Fall ihren eigenen Vorstellungen folgten. 1885 wurde jedoch in der Vermessungsabteilung des Innenministeriums von Oberstleutnant Alten Beamish, RE, ein Entwurf gezeichnet. Bevor er endgültig angenommen wurde, wurde mir der Entwurf vorgelegt; und er schien durch und durch gut zu sein, was er in der Tat seitdem in der Praxis auch bewiesen hat. Der Entwurf wird den Behörden jedes Gefängnisses, in dem ein Gerüst errichtet werden soll, von der Ingenieurabteilung des Innenministeriums vorgelegt und ist mit einer geringfügigen Änderung bis heute das allgemein verwendete Muster. Die Änderung, von der ich spreche, ist eine kleine, von mir vorgeschlagene und besteht darin, anstelle der Stufen eine Schräge oder einen ebenen Gang einzubauen. Ich habe in einigen Fällen festgestellt, dass die Stufen ein praktisches Problem darstellten, wenn die Verbrecher nervös oder erschöpft waren. Der Gang wurde vom Innenministerium genehmigt und erstmals am 15. April 1890 im Kirkdale Gaol bei der Hinrichtung von Wm. Chadwick eingesetzt. Es war eine einfache Verbesserung, die sich jedoch als sehr nützlich herausstellte.

In den meisten Gefängnissen des Landes wird das Schafott nach Gebrauch sofort abgebaut und weggeräumt, aber in Newgate, Wandsworth, Liverpool und Strangeways (Manchester) bleibt es dauerhaft stehen.

Die wesentlichen Teile des Gerüsts sind wenige. Es gibt einen schweren Querbalken, in den normalerweise Bolzen mit Haken eingehängt sind. In manchen Fällen steht dieser Querbalken auf zwei aufrechten Pfosten, aber normalerweise sind seine Enden in die Wände des Gerüsthauses eingelassen. Natürlich dienen die daran befestigten Haken dazu, das Seil zu halten.

Das eigentliche Gerüst oder die Falle oder der Abgrund, wie er verschiedentlich genannt wird, ist der Teil des Bauwerks, dem die größte Bedeutung zukommt und für den die Regierung einen Plan bereitstellt. Es besteht aus zwei massiven Eichentüren, die in einem Eichenrahmen auf gleicher Höhe mit dem Fußboden und über einer tiefen gemauerten Grube befestigt sind. Der Plan und der Schnitt erklären die Anordnung. Die beiden Türen sind auf dem Plan mit AA und BB bezeichnet . Die Tür AA hängt an drei starken Scharnieren mit der Bezeichnung CCC , die sich unter der Tür BB fortsetzen . Wenn die Falle aufgestellt ist, ruhen die Enden dieser langen Scharniere auf einer Zugstange EE , wie im Plan gezeigt. Die Zugstange ist aus Eisen, 1¼ Zoll im Quadrat und gleitet in starken Eisenklammern FFF , die genau passen. Wenn der Hebel D in Richtung des kleinen Pfeils gezogen wird, bewegt er die Zugstange in die entgegengesetzte Richtung, sodass die Enden der langen Scharniere durch die Öffnungen HHH fallen und die beiden Türen zufallen. Um die Falle zu stellen, muss die Tür BB in eine senkrechte Position gebracht werden, bis die andere Tür angehoben und ihre Scharniere auf der Zugstange platziert sind. Die Anordnung ist sehr gut, da beide Türen genau im selben Moment fallen müssen. Ihr großes Gewicht – denn sie sind aus drei Zoll dickem Eichenholz – führt dazu, dass sie sehr plötzlich fallen, sogar ohne das Gewicht des Verbrechers, und sie werden durch Federverschlüsse aufgefangen, um jegliche Möglichkeit eines Rückpralls zu verhindern.

Neues Tor.

KAPITEL V.
Meine Hinrichtungsmethode.
DAS VERFAHREN.

DIE FÜR HINRICHTUNGEN FESTGELEGTE ICH vom Betreten der Todeszelle bis zum Ende der großen Tragödie des Lebens des Verurteilten drei Minuten brauche, also betrete ich die Zelle pünktlich um drei Minuten vor acht. Damit meine Handlung, einen Mann zu hängen, legal ist, muss ich eine sogenannte „Vollmacht zum Hängen" haben, die vom Sheriff erstellt und unterzeichnet und mir einige Minuten vor der Hinrichtungszeit ausgehändigt wird. Die Form variiert sehr stark. In einigen Fällen ist es ein langes, wortreiches Dokument voller „Warum" und „Was auch immer", an denen das Gesetz seine Freude hat. Aber normalerweise ist es ein einfaches, offiziell aussehendes Formular, das vom Gefängnisschreiber ausgefüllt wird und ungefähr wie folgt lautet:

An JAMES BERRY.

Ich, ——, von ——, im Bezirk ——, Esquire, Sheriff des besagten Bezirks ——, ermächtige Sie hiermit, A—— B—— zu hängen, der derzeit im Gefängnis Ihrer Majestät in —— zum Tode verurteilt ist.

Datiert auf diesen —— Tag des ——, ——.

—— ——, Sheriff.

Dieses ist dreifach gefaltet und außen mit Indossament versehen.

Betreff: A—— B——.

Autorität zum Hängen.

—— ——, Sheriff,

--Grafschaft.

Als wir die Todeszelle betreten, ist der Kaplan schon da und zwar schon seit einiger Zeit. Zwei Wärter, die die letzten Nächte des Verurteilten auf Erden gewacht haben, sind ebenfalls anwesend. Bei meinem Erscheinen verabschiedet sich der Verurteilte von seinen Wärtern, denen er normalerweise ein kleines Geschenk oder Andenken gibt, und ich beginne sofort damit, ihm die Arme zu fesseln.

Sobald das Schwingen der Schwingen abgeschlossen ist, bildet sich eine Prozession, im Allgemeinen in der folgenden Reihenfolge:

Oberaufseher.

Wärter. Wärter.

Wärter. ⎱
⎰ Kaplan.
Sträfling. ⎰
⎱ Wärter.

Henker.

Hauptaufseher. Hauptaufseher.

Wärter. Wärter.

Gouverneur und Sheriff.

Zauberstabträger. Zauberstabträger.

Gefängnischirurg und -wärter.

In einigen wenigen Fällen, in denen der Gefangene vor der Hinrichtung kein Geständnis abgelegt hatte, bin ich in der Zelle freundlich auf ihn zugegangen und habe ihn gebeten, die Gerechtigkeit des Urteils zu bekennen, da dies keinen Unterschied für sein Schicksal machen kann, damit ich sicher sein kann, dass ich keinen Unschuldigen hänge. In den meisten Fällen haben sie dies getan, entweder in der Zelle oder im letzten Moment auf dem Schafott. Natürlich habe ich die mir in solchen Momenten anvertrauten Informationen nie preisgegeben, und es wäre höchst unangebracht, dies zu tun; aber ich kann mit Freiheit sagen, dass von allen Menschen, die ich hingerichtet habe, nur zwei oder drei gestorben sind, ohne ihre Schuld vollständig und freimütig zu bekennen.

Auf dem Weg von der Zelle zum Schafott liest der Kaplan den Gottesdienst für die Beerdigung des Toten, und während sich die Prozession in Bewegung setzt, setze ich dem Sträfling die weiße Kappe auf. Gerade als wir das Schafott erreichen, ziehe ich ihm die Kappe über die Augen. Dann lege ich den Sträfling unter den Balken, fessele seine Beine knapp unter den Knien mit einem Riemen, der dem für die Ellbogen verwendeten ähnelt, ziehe das Seil fest, ziehe den Riegel und die Falle fällt zu. Der Tod tritt augenblicklich ein, aber der Körper hängt noch eine Stunde lang, wird dann in einen im Gefängnis angefertigten Sarg hinabgelassen und in die Leichenhalle gebracht, um dort auf die Untersuchung zu warten. Die Untersuchung findet normalerweise um zehn Uhr statt, an einigen wenigen Orten jedoch auch mittags. Nach der Untersuchung wird der Körper mit ungelöschtem Kalk umhüllt und auf dem Gefängnisgelände begraben.

Bei der Vollstreckung der Todesstrafe wird alles mit Anstand und Feierlichkeit durchgeführt, und soweit ich sehe, gibt es keine Möglichkeit, die Vorkehrungen bei einer Hinrichtung zu verbessern, es sei denn, es betrifft die Zulassung von Reportern. In vergangenen Jahren wurden oft viele Reporter zugelassen, von denen einige wahrscheinlich wenig oder gar keine Verbindung zu den Zeitungen hatten, die sie angeblich vertraten. Gelegentlich gab es auch ein oder zwei leichtsinnige Junioren, die keine richtige Vorstellung von der Feierlichkeit einer Todesszene zu haben schienen und deren Verhalten kaum von ernsthaften Personen gebilligt werden konnte. Das Ergebnis war, dass in vielen Gefängnissen die Zulassung von Pressevertretern sehr streng eingeschränkt und in einigen Fällen vollständig verweigert wurde. Es scheint mir, dass die Zulassung einer großen Zahl von Zuschauern und die absolute Weigerung, überhaupt welche zuzulassen, gleichermaßen Fehler sind. Ich spreche in dieser Angelegenheit als ein Mann, dessen eigene Arbeit von der Presse kritisiert wird, und obwohl ich, soweit es mich persönlich betrifft, vollkommen zufrieden bin, wenn ich den Gouverneur oder den High Sheriff zufriedenstellen kann, weiß ich, dass ein großer Teil der Öffentlichkeit glaubt, der Ausschluss der Reporter müsse bedeuten, dass etwas vor sich geht, das vertuscht werden soll. Ich bin ein Diener der Öffentlichkeit, ebenso wie die Sheriffs, der Gouverneur und die anderen mit einer Hinrichtung verbundenen Beamten, und die Öffentlichkeit sollte durch ihre Vertreter in der Presse eine gewisse Gewissheit haben, dass die Einzelheiten jeder Hinrichtung anständig und ordnungsgemäß durchgeführt werden. Die Anwesenheit oder Abwesenheit der Presse macht natürlich keinen Unterschied bei der Durchführung der Hinrichtung, aber für einen bestimmten Teil der Öffentlichkeit macht sie einen großen Unterschied. Wenn der Gefängnisdirektor oder der Sheriff für jede Hinrichtung drei Eintrittskarten erteilen würde, mit der Maßgabe, dass jedem Vertreter, der im Verdacht steht, nicht *bona fide zu sein, der* Eintritt verweigert würde, selbst wenn er seine Eintrittskarte vorlegt, denke ich, dass jeder echte Einwand berücksichtigt würde.

Nach der Vollstreckung wird die Tatsache, dass das Urteil vollstreckt wurde, der Öffentlichkeit durch eine an der Gefängnistür angebrachte Bekanntmachung bekannt gegeben. Die Form dieser Bekanntmachung variiert etwas, aber ich füge eine bei, von der ich zufällig eine Kopie habe.

GRAFSCHAFT OXFORD.

HINRICHTUNG VON CHARLES SMITH WEGEN MORDES.

(Das Gesetz zur Änderung der Todesstrafe von 1868.)

Beiliegend sind Kopien der offiziellen Erklärung, dass das Todesurteil vollstreckt wurde, sowie der chirurgischen Bescheinigung über den Tod von Charles Smith.

THOMAS M. DAVENPORT ,
Untersheriff der Grafschaft Oxford.

9. Mai 1887.

OFFIZIELLE ERKLÄRUNG.

Wir, die Unterzeichneten, erklären hiermit, dass das Todesurteil an diesem Tag in unserer Anwesenheit an Charles Smith innerhalb der Mauern des Gefängnisses Ihrer Majestät in Oxford vollstreckt wurde.

Datiert auf den 9. Mai 1887.

THOMAS M. DAVENPORT , Untersheriff von Oxfordshire.
HB ISAACSON , Gefängnisdirektor.
JK NEWTON , Gefängniskaplan.
J. RIORDON , Obergefängnisdirektor.
HENRY IVES , Sheriffbeamter.
THOS. WM. AUSTIN , Reporter, *Oxford Journal* .
ROBERT BRAZIES , Reporter, *Oxford Chronicle* .
JOSEPH HENRY WARNER , Reporter, *Oxford Times* .
J. LANSBURY , Gefängnisdirektor.

CHIRURGISCHES ZERTIFIKAT.

Ich, HENRY BANKS SPENCER , Chirurg des Gefängnisses Ihrer Majestät in Oxford, bestätige hiermit, dass ich heute die Leiche von Charles Smith untersucht habe, an dem heute im besagten Gefängnis das Todesurteil vollstreckt wurde, und dass ich bei dieser Untersuchung festgestellt habe, dass der besagte Charles Smith tot ist.

Datiert auf den 9. Mai 1887.

HENRY B. SPENCER ,
Gefängnischirurg.

KAPITEL VI.
Andere Vollstreckungsmethoden.

ZEIT zu Zeit erheben die Leute einen Aufschrei gegen die englische Art, Kriminelle hinzurichten, und es gibt viele Engländer, die der festen Überzeugung sind, dass Erhängen die schlimmste und unwissenschaftlichste Form der Todesstrafe ist. Die Vorurteile dieser Leute scheinen auf einer völlig falschen Vorstellung davon zu beruhen, wie eine englische Hinrichtung durchgeführt wird, und ich hoffe, dass das Kapitel, das sich mit meiner Methode befasst, die Grundlage für ein zutreffenderes Urteil bildet .

Englische Axt und Block, jetzt im Tower of London.

Einige der Hinrichtungsmethoden, die als Ersatz für das Hängen vorgeschlagen wurden, verdienen kaum Beachtung, da es kaum Menschen gibt, die sie gutheißen würden. Die verschiedenen Methoden der Enthauptung werden bei den Engländern im Allgemeinen kaum jemals beliebt sein, da sie Hinrichtungen so frei wie möglich von abstoßenden Details wünschen. Die alte Henkeraxt und der alte Henkerblock, die noch immer im Tower zu sehen sind, sind an sich schon ein ausreichendes Argument gegen eine Wiederbelebung ihrer Verwendung. Abgesehen davon, dass eine Enthauptung unter den besten Bedingungen abstoßend ist, müssen wir außerdem bedenken, dass der Henker, der seinem Opfer den Kopf abschlagen muss, aufgrund der Art dieser Aufgabe ein brutaler und entwürdigter Mensch sein muss, und die Wahrscheinlichkeit ist groß, dass er nicht so geschickt oder so vorsichtig sein wird, wie er es für die Durchführung einer solchen Aufgabe sein sollte. Selbst bei Rassen, die nicht so hoch zivilisiert sind wie die Engländer, und wo es leichter ist, Henker von verhältnismäßig besserem Ansehen zu finden, hören wir gelegentlich, dass mehr als ein Schlag erforderlich ist, um den Tod herbeizuführen, und ein solcher Zustand ist sehr schrecklich. In China ist die Enthauptung fast zu einer Wissenschaft geworden, und die chinesischen Henker sind wahrscheinlich die geschicktesten Henker der Welt. Ich besitze ein chinesisches Henkermesser, mit dem neun Piraten in neun aufeinanderfolgenden Schlägen die Köpfe abgetrennt wurden. Es ist ein schreckliches Messer und für diesen Zweck bestens geeignet. Doch selbst mit einer solchen Waffe und mit der Geschicklichkeit und Erfahrung, die chinesische Henker durch häufiges Üben erlangen, schlägt der Schlag manchmal fehl, wie dies bei einer der letzten chinesischen Hinrichtungen der Fall war, über die in den englischen Zeitungen berichtet wurde.

Henkerschwert, Kanton.

Sogar die Guillotine, die oft als die einzig perfekte und sichere Methode bezeichnet wird, hat versagt, und es gibt Fälle, in denen das Messer ein zweites Mal angehoben und fallengelassen wurde, bevor es den Tod herbeiführte. Egal, ob die Guillotine, die Axt oder das chinesische Messer verwendet wird und wie sehr darauf geachtet wird, dass der Tod schmerzlos und sofort eintritt, es handelt sich um eine schreckliche Verstümmelung des Leidenden, die für alle sensiblen Menschen abstoßend sein muss.

Die Guillotine.

Die spanische und spanisch-amerikanische Hinrichtungsmethode mittels Garotte wurde von einigen Befürwortern der Reform sehr gelobt. Der zu garottierende Gefangene wird auf einen Stuhl gesetzt, an dessen Rückenlehne ein Eisenhalsband so befestigt ist, dass es mithilfe eines schweren Hebels teilweise durch die Stuhllehne gezogen werden kann. Wenn Hebel und Gewicht angehoben werden, kann der Kopf durch das Halsband geführt werden, und wenn das Gewicht fallen gelassen wird, wird das Halsband festgezogen und verursacht eine Strangulation. Diese Methode ist sicher, aber ich halte sie nicht für so gut wie das gegenwärtige englische System des Erhängens, da der Tod durch Strangulation viel langsamer und schmerzhafter ist als der Tod durch Verrenkung. Bei einer Form des Garottenstuhls wurde diese Tatsache berücksichtigt, und ein Eisennagel wird unmittelbar hinter dem Hals platziert, so dass der Nagel bei Druck zwischen zwei Wirbel eindringt und das Rückenmark durchtrennt. Dies halte ich für schlechter als unser eigenes System, da der Eisennagel eine gewisse Blutung verursachen muss, was bei der englischen Methode vermieden wird.

Die Garotte.

Das amerikanische System des Hängens, das vor kurzem durch den elektrischen Stuhl ersetzt wurde, war nur eine geringfügige Abwandlung des alten Systems von Jack Ketch oder der althergebrachten Methode von Richter Lynch. Bei diesen älteren Systemen stand der Sträfling auf dem Boden, während ihm das Seil um den Hals gelegt wurde und das andere Ende über den Galgenarm oder einen Ast eines Baumes lief. Dann zogen der Henker und seine Gehilfen am anderen Ende des Seils, bis das Opfer weit über den Boden gehoben und allmählich erwürgt wurde. Bei der verbesserten amerikanischen Methode wurde der Henker durch ein schweres Gewicht ersetzt, das am Seil befestigt war und schnell bis zu einer Höhe von einigen Fuß am Sträfling hochlief. In einigen wenigen sehr extremen Fällen schwerer Körper mit gebrechlichen Hälsen mag dies zu einer Verrenkung geführt haben, aber in der Regel war Strangulation die Todesursache.

Alte Methoden.

Als man begann, über die praktische Anwendung von Elektrizität bei Hinrichtungen zu sprechen, interessierte mich das Thema natürlich sehr. Als Ergebnis aller Nachforschungen, die ich anstellen konnte, kam ich zu dem Schluss, dass die Hinrichtung durch Stromschlag – wie die Amerikaner es nennen – zwar theoretisch perfekt ist, aber viele praktische Schwierigkeiten mit sich bringt. Die Erfahrungen der Behörden im Fall des elenden Mannes Kremmler, der in New York durch Strom hingerichtet wurde, beweisen voll und ganz, dass wir noch nicht genug über die Bedingungen wissen, unter denen Elektrizität einen schmerzlosen und plötzlichen Tod herbeiführt. Als Einzelheiten der Methode, die für Hinrichtungen in New York angewendet werden sollte, erstmals veröffentlicht wurden, war ich mit einem kleinen Komitee von Herren in Manchester zusammen, die das Thema untersuchten. Sie trafen alle Vorbereitungen für Experimente, um die Zuverlässigkeit der Methode zu testen. Es wurden zwei Tiere beschafft, die auf jeden Fall getötet werden mussten, nämlich ein Kalb und ein alter Hund einer großen Rasse. Im Fall des Kalbs wurden die Anschlüsse in der vorgeschriebenen Weise vorgenommen und der Strom eingeschaltet. Dies wurde zweimal wiederholt, doch das einzige Ergebnis war, dass das Kalb auf die Knie fiel und vor Angst und Schmerz brüllte, woraufhin der Metzger es sofort auf die übliche Weise mit seiner Streitaxt tötete. Als der Hund den Schock bekam, fiel er zu Boden und schien gelähmt zu sein, doch es dauerte einige Zeit, bis sein Leben erlosch. Die jüngsten Berichte über amerikanische Hinrichtungen besagen, dass die Todesfälle augenblicklich und schmerzlos eintraten, doch der Wert solcher Aussagen wird dadurch gemindert, dass Reporter ausgeschlossen waren. Der völlige Ausschluss der Presse schien jedenfalls ein Eingeständnis der Behörden zu sein, dass sie kein Vertrauen in die Zuverlässigkeit der von ihnen verwendeten Methode hatten.

Insgesamt bin ich nach sorgfältiger Prüfung aller wesentlichen Ausführungsarten davon überzeugt, dass unsere gegenwärtig gebräuchliche englische Methode die bisher beste bekannte ist, da sie absolut sicher, augenblicklich und schmerzlos ist.

Vielleicht ist es interessant, dieses Kapitel mit einer Liste der wichtigsten im Ausland verwendeten Hinrichtungsmethoden abzuschließen.

Österreich	Hängend, öffentlich.
Bayern	Guillotine, privat.
Belgien	Guillotine, öffentlich.
Braunschweig	Axt, Soldat.
China	Schwert oder Bogensehne, öffentlich.
Dänemark	Guillotine, öffentlich.
Frankreich	Die Guillotine war nominell öffentlich, in Wirklichkeit jedoch von Gendarmeriekordons usw. umgeben und somit praktisch privat.
Deutschland	Mit Schwert oder Galgen, Soldat.
Hannover	Guillotine, privat.
Italien	Keine Todesstrafe.
Niederlande	Hängend, öffentlich.
Portugal	Hängend, öffentlich.
Preußen	Schwert, Privat.
Russland	Gewehrschuss, Hängen oder Schwert, öffentlich; die Todesstrafe ist jedoch praktisch abgeschafft, mit Ausnahme von politischen Straftaten.
Spanien	Garotte, öffentlich.

Schweiz	Fünfzehn Kantone, Schwert, öffentlich. Zwei Kantone, Guillotine, öffentlich. Zwei Kantone, Guillotine, privat.
Vereinigte Staaten	Staat New York, Elektroschock, privat. Andere Staaten, Erhängen, privat.

Wandsworth Gaol (nach einer Hinrichtung).

KAPITEL VII.
Zwei schreckliche Erlebnisse.

D IE AUFGABEN EINES HENKERS SIND unangenehm, aber es gibt manchmal außergewöhnliche Vorfälle, die sich ins Gedächtnis einprägen und an die man sich nicht ohne unwillkürliches Schaudern erinnern kann. Ich habe zwei solcher Erfahrungen gemacht und, da Menschen immer aus ihren Fehlern lernen sollten, sie in die Praxis umgesetzt und Lehren für die Zukunft gezogen. Die erste war der Hinrichtungsversuch von John Lee, der dazu führte, dass das Innenministerium eine Untersuchung der Hinrichtungsvorkehrungen in den verschiedenen Gefängnissen einleitete und schließlich einen offiziellen Fallplan herausgab, der seitdem in allen Gefängnissen verwendet wurde, in denen Schafotte aufgestellt wurden. Die zweite dieser Erfahrungen war die Hinrichtung von Robert Goodale, bei der die Länge des Fallens dazu führte, dass der Kopf vom Körper abgetrennt wurde. Dies lehrte mich, dass das damals verwendete und von Mr. Marwood eingeführte System der langen Fallen in einigen Fällen fehlerhaft war, und veranlasste mich, meine aktuelle Tabelle der Falllängen auszuarbeiten, wie im Kapitel „Meine Hinrichtungsmethode" erläutert.

Es sind so viele falsche Vorstellungen über die Einzelheiten dieser beiden Fälle im Umlauf, dass es meines Erachtens sinnvoll ist, die tatsächlichen Einzelheiten wiederzugeben, insbesondere da zu den Schwierigkeiten im Fall Lee nie eine wahre Erklärung veröffentlicht wurde.

Lee wurde des Mordes an Miss Keyse für schuldig befunden, in deren Haus in Babbacombe er als Diener beschäftigt war. Der für seine Hinrichtung festgelegte Zeitpunkt war Montag, 23. Februar 1885, acht Uhr. Das Schafott und seine Vorrichtungen waren an ihrer damaligen Position noch nicht bei einer früheren Hinrichtung verwendet worden, obwohl der Fallschirm einmal bei der Hinrichtung von Mrs. Took verwendet worden war, aber damals an einem anderen Ort angebracht worden war. Am Samstag untersuchte ich diesen Fallschirm und berichtete, dass er für seinen Zweck viel zu zerbrechlich war, aber ich betätigte den Hebel und stellte fest, dass die Türen richtig zufielen. Am Montagmorgen, zur festgelegten Zeit, holte ich den Gefangenen auf die übliche Weise heraus, fesselte ihn und richtete die Schlinge. Er war vollkommen ruhig, fast gleichgültig. Als die Schlinge zugerichtet war, trat ich zurück und zog den Hebel um. Das Geräusch der gleitenden Riegel war deutlich zu hören, aber die Türen fielen nicht zu. Ich stampfte auf den Fallschirm, um ihn zu lösen, und einige der Wärter taten dies auch, aber keiner unserer Versuche konnte ihn aufrütteln. Lee stand da wie eine Statue und gab keinen Laut oder ein Zeichen von sich. Sobald wir merkten, dass unsere Bemühungen nutzlos waren, führten wir den Verurteilten weg. Wir probierten die Türen aus, die sich leicht öffnen ließen;

dann wurde Lee wieder in Position gebracht, und wieder ließen sich die Türen nicht öffnen. Dann wurde der Gefangene weggebracht und schließlich wurde sein Urteil abgemildert. Vielleicht sollte hier erwähnt werden, dass der Bericht, dass Lee inzwischen hingerichtet wurde, und ein anderer Bericht, dass er freigelassen wurde, beide gleichermaßen falsch sind; denn er ist immer noch im Gefängnis.

Es wurden verschiedene Gründe für den Funktionsausfall genannt, aber die meisten gingen davon aus, dass die Türen durch den Regen vom Sonntagabend aufgequollen waren. Dass dies nicht der Grund war, wird erstens dadurch bewiesen, dass die Türen problemlos nachgaben, wenn das Gewicht des Gefangenen nicht auf ihnen lastete, und zweitens dadurch, dass sie nicht nachgaben, wenn der Gefangene darauf lag, selbst als wir die Seiten, an denen sie vermutlich feststeckten, abgesägt und abgehobelt hatten.

Der anwesende Gefängnisdirektor und der stellvertretende Sheriff waren furchtbar bestürzt über den Fehlschlag des Hinrichtungsversuchs und die lange und schreckliche Ungewissheit, in der der Gefangene festgehalten wurde. Sie waren fast außer sich, aber es ließ sich nichts dagegen tun.

Der Unter-Sheriff hat mich gebeten, eine kurze Darstellung des Sachverhalts zusammen mit meiner Meinung zur Ursache der Schwierigkeit zu verfassen. Nachfolgend füge ich eine Kopie meines Briefes bei.

Henkerbüro,
1, Bilton Place, City Road, Bradford, Yorks.,
4. März 1885.

Re ABGERUFEN 2018-08-27 .

Herr,

In Übereinstimmung mit der Bitte in Ihrem Brief vom 30. d. M. möchte ich mitteilen, dass ich am Freitagmorgen, dem 20. des letzten Monats, von Bradford nach Bristol und am Samstagmorgen, dem 21., von Bristol nach Exeter reiste. Ich kam um 11:50 Uhr in Exeter an, ging direkt zum County Gaol und trug mich pünktlich um 12 Uhr in Ihr Gefängnisregister ein. Ich wurde in das Büro des Gouverneurs geführt und vereinbarte mit ihm, dass ich dort zu Abend essen und um 14:00 Uhr ins Gefängnis zurückkehren würde. Ich verließ also das Gefängnis, nahm zu Abend und kehrte um 13:50 Uhr zurück, als ich in das mir zugewiesene Schlafzimmer geführt wurde, das ein Offizierszimmer in der neuen Krankenstation war. Kurz darauf besichtigte ich den Hinrichtungsort. Die Hinrichtung sollte in einem Kutschenhaus stattfinden, in dem normalerweise der Gefängniswagen untergebracht war. Zwei Wärter begleiteten mich bei der Besichtigung. Im

Kutschenhaus fand ich einen Balken von etwa vier Zoll Dicke und etwa einem Fuß Tiefe, der über das Dach des Kutschenhauses gelegt war. Durch diesen Balken war ein Eisenbolzen mit einer Eisenmutter an der Oberseite befestigt, und an diesem Bolzen war eine schmiedeeiserne Stange befestigt, etwa dreiviertel Yard lang mit einem Loch am unteren Ende, an dem das Seil befestigt werden sollte. Zwei Falltüren waren in den Boden des Kutschenhauses eingelassen, der mit Steinplatten ausgelegt ist, und diese Türen bedecken eine Grube von etwa 2 Yards mal 1½ Yards Durchmesser und etwa 11 Fuß Tiefe. Bei der Untersuchung dieser Türen stellte ich fest, dass sie nur etwa einen Zoll dick waren, aber um richtig konstruiert zu sein, hätten sie drei oder vier Zoll dick sein müssen. Das Eisenwerk der Türen war von zerbrechlicher Art und für diesen Zweck viel zu schwach. Es gab einen Hebel für diese Türen, und er war in der Nähe der Oberseite angebracht. Ich zog den Hebel und die Türen fielen herunter, wobei die Riegel einwandfrei funktionierten. Ich ließ die Türen hochziehen und probierte den Hebel ein zweites Mal, als der Riegel wieder einwandfrei funktionierte. Der Gouverneur beobachtete mich durch das Fenster seines Büros und sah, wie ich die Türen ausprobierte. Nach der Untersuchung ging ich zu ihm, erklärte, wie ich die Türen gefunden hatte, und schlug ihm vor, für künftige Hinrichtungen neue Falltüren zu bauen, die etwa dreimal so dick waren wie die damals angebrachten. Ich schlug auch vor, eine Feder in die Wand einzubauen, die die Türen beim Herunterfallen zurückhält, damit sie nicht zurückprallen, und dass das Eisenwerk der Türen stärker sein sollte. Der Gouverneur sagte, er werde sich in Zukunft um diese Dinge kümmern. Ich verbrachte den ganzen Sonntag in dem mir zugewiesenen Zimmer und verließ das Gefängnis nicht. Ich ging an diesem Abend gegen 21:45 Uhr zu Bett. Die Hinrichtung sollte am Montag, dem 23. des letzten Monats, um 8 Uhr morgens stattfinden.

Am Montagmorgen stand ich um 6.30 Uhr auf und wurde um 7.30 Uhr von einem Wärter aus dem Schlafzimmer zum Hinrichtungsort geführt. Alles schien so zu sein, wie ich es am Samstagnachmittag verlassen hatte. Ich befestigte das Seil auf meine übliche Weise und machte alles bereit. Ich probierte die Falltüren nicht aus, da sie genauso aussahen, wie ich sie verlassen hatte. In den Nächten von Samstag und Sonntag hatte es stark geregnet. Etwa vier Minuten vor acht wurde ich vom Gouverneur in die Zelle des Verurteilten geführt und John Lee vorgestellt. Ich fesselte ihn sofort, was auf die übliche Weise geschah, und gab dann dem Gouverneur ein Zeichen, dass ich bereit war. Der Zug wurde aufgestellt, angeführt vom Gouverneur, dem Oberwärter und dem Kaplan, gefolgt von Lee. Ich ging hinter Lee und sechs oder acht Wärter folgten mir. Als ich den Hinrichtungsort erreichte, sah ich, dass Sie mit dem Gefängnischirurgen dort waren. Lee wurde sofort auf die Falltüren gesetzt. Ich fesselte seine Beine, zog die weiße Kappe herunter, stellte das Seil ein, trat auf eine Seite und zog den Hebel – aber die Falltür fiel nicht zu. Ich hatte vorher auf den Türen gestanden und dachte, sie würden ganz leicht zufallen. Ich löste den Riemen von seinen Beinen, nahm das Seil von seinem Hals, nahm die weiße Kappe ab und brachte Lee in einen Nebenraum, wo ich die Türen untersuchte. Ich betätigte den Hebel, nachdem Lee heruntergenommen worden war, zog ihn und die Türen fielen leicht zu. Mit Hilfe der Wärter wurden die Türen hochgezogen und der Hebel ein zweites Mal gezogen, woraufhin die Türen wieder leicht zufielen. Lee wurde dann aus dem Nebenraum geholt, in Position gebracht, die Kappe und das Seil eingestellt, aber als ich den Hebel erneut zog, funktionierte er nicht, und beim Versuch, ihn mit Gewalt zu öffnen, wurde der Hebel leicht gespannt. Lee wurde dann ein zweites Mal heruntergenommen und in den Nebenraum geführt.

Man meinte, das Holzwerk sei in der Mitte der Türen zu eng, und einer der Wärter holte eine Axt und ein anderer einen Hobel. Ich versuchte es noch einmal mit dem Hebel, aber er funktionierte nicht. Dann wurde ein Stück Holz von einer der Türen abgesägt, in der Nähe der Eisenriegel, und mit Hilfe einer eisernen Brechstange wurden die Riegel abgeschlagen, und die Türen fielen herunter. Sie gaben dann den Befehl, die Hinrichtung nicht durchzuführen, bis Sie mit dem Innenminister gesprochen hätten, und Lee wurde in die Todeszelle zurückgebracht. Ich bin der Meinung, dass die Eisenriegel der Falltüren für diesen Zweck nicht stark genug waren, dass das Holzwerk der Türen etwa drei- oder viermal so schwer hätte sein müssen und mit entsprechendem Eisenwerk, damit, wenn ein Mann von Lees Gewicht auf die Türen gestellt worden wäre, die Eisenriegel nicht verriegelt worden wären, wie ich mir bei dieser Gelegenheit sicher bin, sondern sofort reagiert hätten. Meiner Ansicht nach wurde alles sorgfältig ausgeführt und wenn die Eisen- und Holzarbeiten stabil genug gewesen wären, wäre die Ausführung zufriedenstellend gewesen.

Ich bin, Sir,

Ihr gehorsamer Diener,
JAMES BERRY .

Henry M. James, Esq.,
Untersheriff von Devon,
The Close, Exeter.

Das andere elende Erlebnis, das mir in Erinnerung geblieben ist, war, wie bereits erwähnt, die Hinrichtung von Robert Goodale. Er wurde wegen Mordes an seiner Frau zum Tode verurteilt, und am 30. November 1885 war ich in Norwich Castle, um die Hinrichtung durchzuführen. Damals arbeitete ich mit meiner ursprünglichen Falllängentabelle, die ich auf Mr. Marwoods System aufgebaut hatte. Diese Tabelle und einige Einzelheiten zu Goodales Fall, oder vielmehr zu den neuen Berechnungen, die ich aufgrund der damals gewonnenen Erkenntnisse anstellte, finden Sie im Kapitel „ Meine

<u>Hinrichtungsmethode</u> ". Er wog 15 Stone, und die berechnete Falllänge für einen Mann dieses Gewichts betrug nach der alten Tabelle 7 Fuß 8 Zoll. Da Goodale nicht sehr muskulös zu sein schien, verkürzte ich die Falllänge um etwa zwei Fuß – tatsächlich, so genau ich es messen konnte, auf 5 Fuß 9 Zoll. Das Seil, das ich verwendete, war von der Regierung hergestellt und geliefert worden, und ich hatte es sieben Tage zuvor bei der Hinrichtung von John Williams in Hereford verwendet. Der Fallschirm wurde nach einem Plan gebaut, den die Regierung zur Verfügung gestellt hatte, und war schon früher benutzt worden. Tatsächlich funktionierte alles einwandfrei. Der Gefängnisdirektor hatte besonders darauf geachtet, dass alles richtig war, und alle möglichen Vorkehrungen getroffen, um Pannen zu vermeiden. Er hatte den Fallschirm am Donnerstagmorgen zuvor persönlich getestet und am Samstag in Begleitung eines Ingenieurs noch einmal. Alle Vorbereitungen wurden in der üblichen Weise durchgeführt, und als ich den Hebel zog, fiel der Fallschirm richtig, und der Gefangene verschwand außer Sichtweite. Wir waren jedoch entsetzt, als wir sahen, dass das Seil nach oben ruckte, und einen Moment lang dachte ich, die Schlinge sei vom Kopf des Täters gerutscht oder das Seil sei gerissen. Aber es war noch schlimmer, denn der Ruck hatte den Kopf vollständig vom Körper abgetrennt, und beide waren zusammen auf den Boden der Grube gefallen. Natürlich trat der Tod sofort ein, so dass der arme Kerl in keiner Weise gelitten hatte; aber es war schrecklich, daran zu denken, dass so etwas Abscheuliches geschehen konnte. Wir waren alle entnervt und schockiert. Der Gouverneur, dessen Bemühungen, jeden Unfall zu verhindern, seine Nerven aufs Äußerste beansprucht hatten, brach regelrecht zusammen und weinte.

Die Untersuchung war für alle Beteiligten eine harte Prüfung, und es war ein großer Trost für mich, dass sowohl der Gouverneur als auch der Gefängnisarzt aussagten, mit welcher Sorgfalt jedes Detail ausgeführt worden war. In der Aussage erwähnte ich, dass ich zuvor einen schwereren Mann gehängt hatte, nämlich Joseph Lawson, der 16 Stone (8 Pfund) wog und den ich 2,40 Meter fallen ließ. Bei ihm gab es nicht einmal Hautabschürfungen am Hals. Als ich meine Aussage beendet hatte, sagte der Untersuchungsrichter: „Bevor Sie den Raum verlassen, muss ich sagen, dass es nach den vorliegenden Beweisen nichts zu geben scheint, was Ihnen Vorwürfe machen könnte, weder aus Mangel an Geschick noch aus einem ungeeigneten Zustand." Danach wurde die Aussage des Gefängnisarztes aufgenommen, und die Jury fällte ein Urteil, das besagte, dass „Robert Goodale gemäß dem Urteil des Gesetzes durch Erhängen gestorben ist und dass niemand für das, was geschehen ist, verantwortlich ist."

Im Vorstehenden habe ich von *zwei* schrecklichen Erlebnissen gesprochen, und einige meiner Leser, die Conways Hinrichtung in Kirkdale noch frisch im Gedächtnis haben, werden fragen, warum sie nicht erwähnt wird. Tatsächlich wurde das Vorstehende vor Conways Hinrichtung geschrieben, und da das Unglück, das sich bei dieser Gelegenheit ereignete, in keiner Weise auf meine eigene Unwissenheit oder Nachlässigkeit zurückzuführen war, sondern genau das war, was ich erwartet hatte, weil andere meine Vorbereitungen durchkreuzt hatten, war der Schock, den ich erlitt, keineswegs so groß wie bei den beiden anderen Gelegenheiten. Einzelheiten zu dieser Hinrichtung finden Sie im Abschnitt „Der Sturz" des Kapitels „ Meine Hinrichtungsmethode ".

KAPITEL VIII.
Wie Mörder sterben.

ES EINES meiner Ziele mit diesem Buch ist, der Öffentlichkeit eine solide Grundlage für die Bildung einer fundierten öffentlichen Meinung zum Thema Todesstrafe zu geben, ist es notwendig, dass dieses Kapitel lang ist und viele seiner Einzelheiten schmerzhaft sind – weil sie wahr sind. Wenn ich die Fakten beschönigen würde, würde ich meiner Pflicht gegenüber meinen Lesern deutlich nicht nachkommen, aber ich habe mich bemüht, so weit wie möglich abstoßende Einzelheiten zu vermeiden.

Für den gewöhnlichen Engländer ist ein Mörder ein Mörder und nichts anderes. Er ist ein niederträchtiges Geschöpf, das Leben genommen hat und das nach göttlichem und nationalem Gesetz wegen seiner Tat sterben muss. Er ist ein Geschöpf, das sich vom Rest der Menschheit unterscheidet, ein Ungeheuer, ein Monster, das die Gerechtigkeit beleidigt hat und wie ein Hund sterben muss. Für mich ist ein Mörder ein Studienobjekt. Er ist ein Mensch, der eine böse Tat begangen hat, der von Natur aus bösartig sein kann oder nicht; der für seine Taten wirklich verantwortlich sein kann oder nicht; der tief reumütig sein kann oder nicht. Meine eigenen Ansichten zur Todesstrafe werden in einem anderen Kapitel dargelegt. Ich glaube ehrlich und aufgrund langer Studien des Themas mit einzigartigen Möglichkeiten zur Beurteilung, dass bei einer bestimmten niederen Klasse des menschlichen Tieres die Angst vor dem Tod die einzige Kontrolle ist, die ihre Begierden und Leidenschaften in irgendeiner Weise zügeln kann. Aber ich habe manchmal gedacht, dass es unter denen, die ich für Verbrechen hingerichtet habe, die sie zweifellos begangen haben, Männer gab, für die ihr Verbrechen eine schrecklichere Plage war als der Tod; Männer, die den Mord nicht vorsätzlich begangen hatten, die daran kein Vergnügen hatten und keinen Profit davon erwarteten, und die, wenn sie auf irgendeine Weise hätten freigelassen werden können, das Zeug zu vorbildlichen Bürgern in sich hatten. Logischerweise und aus Überzeugung bin ich der Meinung, dass, wenn jemand Menschenblut vergießt, sein Blut auch von Menschen vergossen werden sollte; aber aus Gefühlsgründen tut es mir manchmal leid, dass bestimmte Mörder nicht freigelassen werden können. Natürlich wird oft von der Begnadigungsbefugnis Gebrauch gemacht, und das zu Recht, und doch scheint es manchmal so, als würden Mörder, die vorsätzlich, absichtlich und in ihren Taten und ihrem Charakter durch und durch bösartig waren, begnadigt, weil sie interessante Persönlichkeiten oder einflussreiche Freunde haben, während andere hingerichtet werden, die ein besseres Plädoyer für Gnade hätten, aber niemanden, der sie vorbringen könnte. Das ganze Thema ist sehr schwierig; ich muss meinen Lesern die Fakten darlegen und sie ihre eigenen Schlüsse ziehen lassen. Ich darf jedoch sagen, dass die

Hinrichtungen, die mir am meisten Mühe bereitet haben, nicht jene waren, bei denen die Verurteilten gewalttätig oder hysterisch waren, nicht jene, bei denen sie sich wehrten, kämpften und fluchten oder hartnäckig und hartnäckig Widerstand leisteten; sondern die wenigen Fälle, bei denen sie aufrichtige Reue zeigten und den Tod beinahe als Befreiung von einer zu schweren Last und als Sühne für die Sünde, die sie beklagten, zu begrüßen schienen. In solchen Fällen ist die Aufgabe des Henkers in der Tat eine schmerzhafte.

Das Verhalten der Verurteilten in der Zelle und auf dem Schafott wirft viel Licht auf die verschiedenen Phasen des menschlichen Charakters und war für mich immer ein interessantes Studienobjekt.

Robert F. Vickers und William Innes.

Die ersten beiden Männer, die ich hinrichtete, waren zwar gute Freunde und Komplizen, aber ihr Verhalten war völlig verschieden. Sie zeigten beide tiefe Emotionen, obwohl sie einem niederen Menschentyp angehörten, und sie hörten beide dem Kaplan aufmerksam zu, so oft er sie besuchen wollte, und auch den Geistlichen von außerhalb, die sich für ihr Schicksal interessierten. Aber ich glaube, sie taten dies eher mit der Absicht, das Beste aus einer schlechten Sache zu machen – wenn überhaupt ein „Bestes" möglich war – als aus einer tiefen Überzeugung von der Sündhaftigkeit ihres Vergehens. Darüber hinaus war ihr Verhalten völlig unterschiedlich. Vickers war die ganze Zeit voller Hoffnung und fragte ständig, ob „die Gnadenfrist" gekommen sei. Selbst als ich ihm am Morgen der Hinrichtung vorgestellt wurde, war er nicht verzweifelt, und seine Hoffnung stimmte ihn beinahe fröhlich. Selbst als wir auf dem Schafott standen, war er überzeugt, dass er nicht sterben würde, und schien wie die Leute auf dem Schafott in alten Zeiten auf den Reiter zu hören, der wie wild über den Hof raste und im allerletzten Moment „Gnaden! Gnadenfrist!" schrie. Erst als die Schlinge seinen Hals berührte, wurde ihm klar, dass seine Hinrichtung eine wirklich ernste Tatsache sein würde, und als ihm die schreckliche Realität bewusst wurde, fiel er in Ohnmacht.

Sein Gefährte in Verbrechen und Tod stand ungerührt auf dem Schafott, resigniert und ruhig, ohne Hoffnung oder Furcht. Die weiße Mütze hatte er über dem Gesicht, als Vickers ohnmächtig wurde, und kein Laut der Umstehenden ließ darauf schließen, dass Vickers überwältigt war. Der Ohnmächtige wurde einen Moment lang gestützt, dann genügte ein Druck auf den Hebel, und man musste ihn nicht länger stützen. Der Mord von Gorebridge, für den diese Männer hingerichtet wurden, erregte damals großes Aufsehen.

Maria Lefley.

Maria Lefley.

Meine nächste Hinrichtung, bei der die verurteilte Person eine Frau war, war eine ganz andere Erfahrung. Mary Lefley, die Täterin, war vor ihrer Heirat eine Gefährtin von Priscilla Biggadike, die in Lincoln hingerichtet wurde, weil sie ihren Ehemann vergiftet hatte. Mary Lefley beging dasselbe Verbrechen, indem sie ihren Ehemann vergiftete, indem sie Arsen in einen Reispudding mischte. Nach dem Todesurteil, sogar bis zum Zeitpunkt der Hinrichtung, erwartete sie einen Aufschub und beteuerte bis zuletzt ihre Unschuld; obwohl sie in der Nacht zuvor sehr unruhig war und ständig ausrief: „Herr! Du weißt alles!" und inbrünstig betete. Sie wollte kein Frühstück zu sich nehmen, und als ich mich ihr näherte, war sie in einem nervösen, aufgeregten Zustand und betete zu Gott um Erlösung, nicht als Mörderin, sondern als unschuldige Frau. Als ich mich ihr näherte, warf sie die Hände hoch und schrie: „Mord! Mord!" und sie musste von zwei weiblichen Wärtern zum Schafott geführt werden, wobei sie die ganze Zeit wild schrie. Sie starb, wie sie gelebt hatte: reuelos und unaufrichtig, und leugnete bis zuletzt ihre Schuld.

Joseph Lawson ,

Der Hauptdarsteller in der Butterknowle-Tragödie, als Sergeant Smith ermordet wurde, war eine schreckliche Kombination aus feiger Angst und rücksichtsloser Tapferkeit. In den letzten Tagen seines Lebens war er trübsinnig und mutlos, und in der Nacht vor seiner Hinrichtung wurde sein Schlaf häufig durch Angstanfälle und nervöse Erschöpfung unterbrochen, in denen er wie ein Mensch im Fieberanfall zitterte. Am Morgen des letzten

Tages stand er um sechs Uhr auf und versuchte, fröhlich oder sogar heiter zu wirken. Im Fesselraum grüßte er die Wärter mit einem fröhlichen „Guten Morgen" und lachte auf dem Weg zum Schafott ausgelassen über einen eigenen Stolperer. Dann begann er, üble, blasphemische Ausdrücke zu verwenden, und hörte nicht auf, selbst als ihm die weiße Kappe übers Gesicht gezogen wurde. Seine Flüche übertönten die Stimme des Kaplans, der den üblichen Trauergottesdienst las, und mit schrecklichen Worten auf den Lippen wurde er in eine dunkle Ewigkeit geschickt.

Peter Cassidy.

Mein nächster Fall stand in krassem Gegensatz zu dem vorhergehenden. Der Verurteilte war Peter Cassidy; sein Vergehen war Mord an seiner Frau. Es war einer jener Fälle, bei denen es schwer ist zu sagen, ob der Mann mehr Mitleid oder mehr Schuld verdient, ob er nicht mehr gesündigt hat als gesündigt hat. Dass er den Mord in einem Anfall von Trunkenheit begangen hatte, stand außer Zweifel – er leugnete es nicht; aber dass er häufig und heftig provoziert worden war, ist sicher. Sowohl er als auch seine Frau waren alkoholsüchtig – wer die Hauptschuld daran trug, weiß ich nicht –, aber am Tag des Mordes war seine Frau für einige Zeit außer Haus, ohne dass er ihr Einverständnis gegeben oder von ihrem Aufenthaltsort gewusst hatte. Als sie zurückkam, war sie betrunken, er auch, und in dem darauf folgenden Streit erschlug er sie. Aber als er wieder nüchtern war, war seine Reue so tief, wie seine betrunkene Leidenschaft heftig gewesen war. Er erkannte die Schwere seines Vergehens und die Gerechtigkeit seines Todesurteils. Er widmete den Diensten des katholischen Kaplans, Pfarrer Bonté, große Aufmerksamkeit und wirkte an seinem letzten Tag auf Erden friedlich und ergeben. Mit freiem, festem Schritt ging er zum Schafott. Der Morgen war dunkel und düster, doch gerade als wir den Gefängnishof überquerten, durchbrach ein dünner, heller Sonnenstrahl die bleiernen Wolken und blieb einen Moment auf der kleinen Prozession liegen. In diesem Moment des Sonnenscheins atmete Cassidy krampfhaft, doch der Himmel bewölkte sich fast augenblicklich und er gewann seine Fassung zurück. Auf dem Schafott begann er mit dem katholischen Gottesdienst, den Pfarrer Bonté vorlas, wobei er die Antworten fest und inbrünstig wiederholte. Tatsächlich war er so in den Gottesdienst vertieft, dass er, glaube ich, nicht bemerkte, dass ich seine Beine fesselte. Er betete weiter, während ich ihm die weiße Kappe über die Augen zurechtrückte, doch als der Strick seinen Hals berührte, wurde er bis in die Haarwurzeln hochrot und seine Lippen zuckten. Nie zuvor hat ein Mensch so deutlich tiefe Scham und Trauer zum Ausdruck gebracht. Ein sehr großer Teil der Morde ist direkt auf Alkohol zurückzuführen, und in fast jedem Fall, in dem ein Mörder etwas über das Motiv für sein Verbrechen gesagt hat, hat er die Alkoholsucht dafür verantwortlich gemacht.

Moses Shrimpton.

Moses Shrimpton .

In der Regel ist es der Ersttäter – es gibt viele Mörder, deren erstes Verbrechen ihr großes Verbrechen ist –, den die schreckliche Natur seiner Lage am meisten erschüttert, wenn er zum Tode verurteilt wird. Der alte und erfahrene Verbrecher hat zwar große Angst vor Schafott und Strick, solange er auf freiem Fuß ist, und obwohl er seinem Prozess normalerweise mehr Interesse entgegenbringt und sich mehr um seinen Freispruch bemüht als der Neuling in der Kriminalistik, aber sobald das Urteil gefällt ist, ist er normalerweise resigniert und gleichgültig. In der Regel schenkt er den Diensten des Kaplans oder den Beileidsbekundungen seiner Freunde kaum Beachtung. Er ist weder fromm veranlagt, noch hysterisch ängstlich, noch beleidigend rebellisch – er wartet einfach sein Schicksal ab. Eine Art harter Stoizismus scheint ihn ruhig zu halten; er hat mit offenen Augen ein verzweifeltes Spiel gespielt, hat um hohe Einsätze gespielt – und verloren. Ich behaupte, dass dies im Allgemeinen beim Gefängnisvogel der Fall ist; und doch gibt es Ausnahmen, und unter diesen Ausnahmen war meiner Erfahrung nach Moses Shrimpton bemerkenswert. Sein Leben, fast von der Wiege bis zur Bahre, war eine lange Karriere aus Verbrechen und Strafe. Er war ein Mann mit starkem Charakter und großer Zielstrebigkeit, ein Anführer unter den Grobianen seines Distrikts. Im Februar 1848 wurde er wegen Wilderei zu einem Monat Gefängnis verurteilt und von dieser Zeit bis zu seiner Hinrichtung im Mai 1885 kam er selten für viele Monate aus dem Gefängnis. Er brüstete sich mit seinem Erfolg als Wilderer und erzählte den Wärtern im Worcester Gaol, wo er ein bekannter und häufiger Insasse war, auf höchst interessante Weise von seinen verzweifelten Abenteuern. Er wurde zum Tode verurteilt, weil er einen Polizisten gewalttätig und brutal ermordet hatte, der ihn auf frischer Tat beim Geflügeldiebstahl festgenommen hatte. Er äußerte keinerlei Überraschung oder Gefühle, als er erfuhr, dass er zum Tode verurteilt war, aber zum Erstaunen aller, die ihn kannten, schien sein Charakter durch den Gedanken an den Tod völlig verändert zu sein. Diejenigen, die ihm während seiner letzten drei Lebenswochen spirituellen Trost spendeten, waren überzeugt, dass seine Reue und Besserung echt waren, und seine Taten schienen die eines Mannes zu sein, der wirklich überzeugt war. Er schenkte dem Kaplan, der ihn besuchte, große Aufmerksamkeit und las Stunde um Stunde in der Bibel. Bestimmte Passagen, die ihn verwirrten, notierte er sorgfältig und bat beim nächsten Besuch des Kaplans um eine Erklärung. Als die Zeit für seine Hinrichtung gekommen war, war er zuversichtlich, fast trotzig, und ging aufrecht und fest zum Schafott. Als er auf den Abgrund trat, blickte er nach unten und zog seine Füße zusammen, um mir zu helfen, den Riemen zu befestigen, der seine Beine fesselte. Bevor ich ihm die weiße Kappe herunterzog, sah er sich um, als wolle er das Ende der Welt sehen, und dann nickte er, um zu signalisieren, dass er bereit war, und wartete darauf, dass die Schlinge zurechtgerückt wurde.

Rudge, Martin und Baker.

Einige gewöhnlichere Beispiele für den Tod hartgesottener Krimineller wurden in den Fällen von Rudge, Martin und Baker angeführt. Man wird sich erinnern, dass diese Männer in Netherby in Cumberland einen Juwelenraub begingen und später den Polizeibeamten Byrnes ermordeten und einen Mordanschlag auf andere Polizisten verübten, während sie versuchten, der Verhaftung zu entgehen. Diese Männer hatten nach der Verurteilung kein Interesse mehr am Leben; und ich glaube, wenn man ihnen die Wahl gelassen hätte, wären sie lieber direkt von der Anklagebank zum Schafott gegangen, als die dreiwöchige Schonfrist zu erhalten, die verurteilten Männern gewährt wird. Ich glaube, dass dies bei fast allen Gewohnheitsverbrechern der Fall ist – sie fürchten den Tod nicht und bereuen ihre Verbrechen nicht. Solange auch nur der Hauch einer Chance auf Freispruch oder Begnadigung besteht, klammern sie sich ans Leben, aber sobald das Todesurteil verhängt ist, werden sie gleichgültig und möchten es so schnell wie möglich „hinter sich bringen", hauptsächlich, weil ihnen das Leben im Gefängnis langweilig ist.

Von den drei Männern, die ich erwähnt habe, war Rudge der einzige, der sich anscheinend für das Leben interessierte. Er verbrachte einen Großteil seiner Zeit damit, eine Erklärung über seine Ansichten zum gegenwärtigen System der Zwangsarbeit zu schreiben, die dem Innenministerium zur Verfügung gestellt wurde. Da er zwei lange Haftstrafen verbüßt hatte, kannte er sein Thema in- und auswendig. Mit seinen Begleitern sprach er freimütig über sich selbst und andere interessante Dinge. Er bestand darauf, dass etwas mit seinem Kopf nicht stimmte, was ihm in seinem Leben schon mehrmals

Probleme bereitet hatte. Er bat aus diesem Grund nicht um Aufschub, aber er bat den Gefängniskaplan, sein Gehirn nach dem Tod zu untersuchen, und wiederholte diese Bitte fast ganz am Ende vor der Hinrichtung. Martin und Baker verbrachten die meiste Zeit der drei Wochen im Bett. Sie redeten weder und taten auch sonst nichts. Rudge und Martin waren getaufte Katholiken, während Baker eine protestantische Erziehung genossen hatte, aber keiner von ihnen schien sich für die Dienste des Priesters oder des Gefängniskaplans zu interessieren. Es erschien ihnen feige und unvernünftig, Gott um Gnade zu bitten, nur weil sie zum Tode verurteilt waren, obwohl sie sehr wohl wussten, dass sie in Missachtung Gottes und der Menschen gelebt hätten, wenn sie frei geblieben wären. Nach einiger Zeit gaben sie dem Rat und den Bitten ihrer geistlichen Berater so weit nach, dass sie sich alles anhörten, was sie zu sagen hatten. Baker schien dem Dienst des Kaplans aufmerksam zu folgen und nahm eine Stunde vor der Hinrichtung die heilige Kommunion ein. Baker war besorgt um das Wohlergehen seiner Liebsten, Nellie, und verbrachte einen Teil der Nacht vor seiner Hinrichtung damit, ihr einen langen Brief zu schreiben. In diesem Brief versicherte er ihr seine Liebe und Treue und bat sie, auf dem Pfad des Rechts zu bleiben.

Alle drei Männer gingen entschlossen zum Schafott, wo sie sich gegenseitig die Hände schüttelten und sagten: „Auf Wiedersehen, alter Kumpel, auf Wiedersehen" – mehr nicht. Auf dem Abgrund waren bereits ihre Namen geschrieben – Martin in der Mitte, Rudge rechts und Baker links. Die Männer gingen sofort auf ihre Plätze und halfen so gut sie konnten beim endgültigen Anlegen und Zurechtrücken der Schlingen. Kurz bevor der Abgrund fiel, rief Baker: „Bleib geradeaus, Nellie!" und dann starben die drei Männer zusammen, ohne ein Wort der Angst oder auch nur ein Zittern oder eine blasse Wange unter ihnen. Bakers jugendliches und männliches Auftreten und die starke Zuneigung, zu der er fähig war, wie die Art und Weise zeigte, wie seine Nellie immer in seinen Gedanken ganz oben stand, berührten mich sehr. Seine Hinrichtung war eine der traurigsten meiner vielen Erfahrungen.

Frau Britland.

Mary Ann Britland.

Ich habe gesagt, dass die Menschen, die bei ihren Mordtaten am grausamsten und gefühllosesten sind, nach ihrer Verurteilung oft am feigsten sind. Die Klasse der grausamen und gefühllosen Mörder unterscheidet sich deutlich von der der Gewaltmörder wie Rudge, Martin und Baker. Diese Männer kämpfen gegen das Gesetz und kämpfen fair nach ihren Vorstellungen. Sie gehen Risiken ein und tragen die Konsequenzen auf direkte Weise. Aber die grausame und gefühllose Klasse zeigt eine Feigheit und Selbstsucht, zu der Rudge, Martin und Baker nicht fähig waren. Ein Beispiel dafür fällt mir im Fall von Mary Ann Britland ein, die ich im Strangeways Gaol in Manchester hingerichtet habe. Sie war ein Beispiel für die Klasse von Menschen, für die der dreiwöchige Aufschub vor dem Tod die größte Grausamkeit darstellt. Sie wurde für den Mord an einer Frau verurteilt, die sich mit ihr angefreundet hatte und in deren Haus sie zum Zeitpunkt des Mordes als Gast lebte. Es wurde auch nachgewiesen, dass sie ihren eigenen Mann und ihre Tochter mit denselben Mitteln ermordet hatte, nämlich mit Gift. Es scheint schwer, sich ein angemessenes Motiv für eine solche Reihe von Verbrechen vorzustellen, die sich über einen längeren Zeitraum erstreckten, aber es wurde eine Theorie aufgestellt und durch ihr Geständnis gestützt, wonach sie den Ehemann ihres letzten Opfers heiraten wollte. Um dieses Ziel zu erreichen, tötete sie zuerst ihre Tochter (aus welchem genauen Grund ist nicht klar, es sei denn, sie befürchtete, dass das Mädchen einen Verdacht hegte, was sie den anderen vorhatte), dann ihren Ehemann und schließlich ihre Freundin, die Mitleid mit ihr hatte, weil sie einsam und verwitwet war, und ihr Nahrung und Obdach gewährte. Der Ehemann des dritten Opfers wurde vor Gericht gestellt, um ihn als Komplizen zu überführen, aber die Untersuchung ergab, dass er Mrs. Britland gegenüber nie freundlich gesinnt war und dass es eindeutig unmöglich war, dass er etwas mit den Morden zu tun hatte. Bei ihrem Prozess war sie völlig entnervt, nicht aus Reue, sondern aus Angst. Als das Urteil verkündet wurde und sie gefragt wurde, ob sie etwas zu sagen habe, warum das Urteil nicht gefällt werden sollte, brach sie in Tränen aus. Während der Urteilsverkündung unterbrach sie den Richter unaufhörlich mit Bitten um Gnade, doch da diese Bitten nichts nützten, schrie sie in qualvoller Stimme zum Himmel. Selbst nachdem man sie in die Zellen gebracht hatte, konnten die Leute draußen ihre Schreie noch lange hören. In der Zeit bis zu ihrer Hinrichtung wurde sie teilweise von der Hoffnung auf einen Aufschub getragen und beteuerte bis fast zum Schluss ihre Unschuld. Trotz ihrer Hoffnung konnte sie die schreckliche Angst, dass der Aufschub nicht kommen könnte, nicht verdrängen, und die Todesangst lastete so schwer auf ihr, dass sie in drei Wochen zu einem abgezehrten Wrack ihrer selbst wurde. Sie betete lange und anscheinend ernsthaft um Gottes Hilfe, erkannte ihre Schuld jedoch erst fast im letzten Moment an, als sie sah, dass es keine Hoffnung auf Aufschub gab. Als der Morgen der Hinrichtung kam, war sie so geschwächt, dass sie sich überhaupt nicht mehr selbst tragen konnte und von zwei Wärterinnen praktisch zum Schafott getragen werden musste. Eine Stunde vor der Hinrichtung hatte sie schrecklich gestöhnt und geweint, und als ich ihre Zelle betrat, begann sie laut zu schreien und zu rufen. Auf dem ganzen Weg zum Schafott waren ihre Schreie herzzerreißend, obwohl ihre Stimme vor Schmerzen schwach war, und als man ihr die weiße Kappe über den Kopf stülpte, stieß sie Schreie aus, die einer der Reporter als „solche Schreie, die man bei der tatsächlichen Trennung von Körper und Geist durch Todesangst erwarten würde" beschrieb. Die weiblichen Wärterinnen hielten sie auf dem Abgrund fest, bis die Schlinge befestigt war, dann wurden ihre Plätze von zwei männlichen Wärtern eingenommen, die auf ein Zeichen, das ich ihnen gab, schnell zurücktraten, und bevor sie Zeit hatte, zur Seite zu schwanken oder zusammenzubrechen, fiel der Abgrund und die elende Frau war tot.

James Murphy.

James Murphy.

Manche Verurteilte sind unbewusst humorvoll, während andere, die ich getroffen habe, eine unbekümmerte und absichtlich humorvolle Einstellung zeigten, was überraschend ist, wenn man bedenkt, wie ernst meine Beziehung zu ihnen war. James Murphy, den ich im November 1886 in York wegen Mordes an dem Polizeibeamten Austwick aus Barnsley hinrichten ließ, schien sein Urteil und seinen Tod eher als Scherz zu betrachten, und vielleicht teilweise auch als eine Frage des Stolzes. Er schien nie zu denken, dass es eine sehr ernste Angelegenheit war, und der wichtigste Bezug, den er zu diesem Thema nahm, war die häufige Versicherung gegenüber seinen Begleitern, dass er fest entschlossen sterben und auf dem Schafott keine Furcht zeigen würde. Ich wurde ihm am Tag vor der Hinrichtung vom Gouverneur von York Castle vorgestellt, als er beim Abendessen war. Ihm wurde gesagt, dass „ein Herr aus Bradford" gekommen sei, um ihn zu besuchen, aber er tat so, als wüsste er nicht, wer ich sei, und murmelte: „Bradford! Bradford! – Ich habe keine Freunde in Bradford." Dann wurde erklärt, dass der betreffende Herr sein Henker war, und er antwortete lächelnd: „Oh! Natürlich!", stocherte aber weiter am Hammelknochen herum, mit dem er beschäftigt war, als wir eintraten. In seinem letzten Brief über diesen Vorfall schrieb er: „Ich bin guter Dinge, der Gouverneur hat mir Ihren Brief beim Abendessen gebracht und der Henker mit ihm. Ich schüttelte dem Henker die Hand und er bat mich, ihm zu vergeben, was ich tat. *Aber mein Abendessen esse ich trotzdem nicht schlechter.* " Dieselbe Aussage könnte auch auf sein Abendessen und sein Frühstück am nächsten Morgen zutreffen, denn während seiner gesamten Gefangenschaft verließen ihn seine gute Laune und Entschlossenheit keinen

Augenblick. Er war vollkommen zufrieden mit den Vorkehrungen, die die Gefängnisbehörden für ihn getroffen hatten; aber die anwesenden römisch-katholischen Priester konnten ihm überhaupt keine Genugtuung entlocken. Er verabschiedete sich von seinem Bruder, seiner Frau und seiner Tochter ohne jedes Anzeichen von Emotionen, in der unbeschwerten Art eines Arbeiters, der sich auf den Weg zu seiner Tagesarbeit macht. Er genoss seine letzte Mahlzeit und bat nach Beendigung um eine „Pfeife Bacca", die einzige Bitte, die der Gouverneur nicht erfüllen konnte. Er schien großes Interesse an der Fesselung zu haben und half mir, so gut er konnte. Er bat mich, ihn schnell und schmerzlos hinzurichten, und diesen Gefallen konnte ich ihm erfüllen.

Edward Pritchard

wurde am 17. Februar 1887 im Gefängnis von Gloucester wegen Mordes an einem Jungen in Stroud gehängt. Der Mord war ein Raub, denn der Junge hatte Geld von der Bank mitgebracht, um seinen Lohn zu bezahlen. Pritchard bekannte sich praktisch schuldig und schien seine Tat aufrichtig zu bereuen. Er wollte dem Tod nicht entgehen, bemühte sich aber sehr, die Firma, deren Geld er gestohlen hatte, und die Eltern des Jungen, den er ermordet hatte, um an das Geld zu kommen, um Vergebung zu bitten. Dem Vater des Jungen schrieb er einen Brief, in dem er ihn inständig um Vergebung bat; und Mr. Allen, ein guter, gutherziger Mann, reiste nach Gloucester, um ihm persönlich seine Vergebung zu versichern und mit dem Mörder zu beten. Aufgrund einer Gefängnisregelung konnte Pritchard Mr. Allens Besuch nicht empfangen, aber die Tatsache, dass der Besuch stattfand, schien für den Gefangenen ein großer Trost zu sein. Während er auf seine Hinrichtung wartete, zeigte Pritchard häufig große Emotionen und man befürchtete, dass es im letzten Moment zu einer „Szene" kommen könnte, aber als es soweit war, war er gefasst. Er zeigte keine rücksichtslose Tapferkeit, sondern war ruhig und ergeben. Er ging aufrecht zum Schafott und blieb regungslos auf dem Abgrund stehen. Eine Sekunde lang schweifte sein Blick über den Gefängnishof und in dieser Sekunde schien er alles zu begreifen. Er sah sein bereits ausgehobenes Grab in einer Ecke und schluchzte, aber das war seine einzige Gefühlsdemonstration, während er in meinen Händen lag.

Walter Wood.

Walter Wood.

Ein anderer Mann, der offenbar wirklich reumütig war, war Walter Wood, der am 30. Juni 1887 in Strangeways, Manchester, wegen Mordes an seiner Frau hingerichtet wurde. Als das Todesurteil verkündet wurde, war er ruhig und blieb es bis zur Hinrichtung. Er ließ sich nicht aus der Ruhe bringen, selbst als seine Mutter und seine beiden Söhne ihn besuchten. Er versäumte keine Möglichkeit, seine Reue zu zeigen und sich mit Gott zu versöhnen, und am Tag vor seiner Hinrichtung besuchte er die Gefängniskapelle und nahm eine abgeschirmte Bank ein, wo er dem Gottesdienst aufmerksam zuhörte und durch einen Teil der Predigt, der zu seinem eigenen Nutzen eingeführt wurde, sehr getröstet schien. Am Morgen seines letzten Tages stand er früh auf und verbrachte die Zeit mit dem guten Gefängniskaplan. Als ich die Zelle betrat, wiederholte der arme Kerl langsam die Antworten auf die Gebete, die der Kaplan vorgelesen hatte, und er tat dies auch während der Fesselung. Der Kaplan war eifrig in seiner Aufmerksamkeit und wurde selbst auf dem Schafott nicht müde, gute Arbeit zu leisten, sondern tröstete und beruhigte den Verurteilten weiterhin mit einer Ernsthaftigkeit, die die Tiefe seines Mitgefühls erkennen ließ. Im letzten Moment hob der ruhige, aber elende Täter seinen Kopf, holte tief Luft und sagte mit tiefer, feierlicher, unerschütterlicher Stimme: „Herr, erbarme dich meiner. Herr, nimm mich auf." Und so starb er. Diese Hinrichtung hat mich zutiefst berührt. Der Mann war sich der Abscheulichkeit seines Verbrechens voll bewusst und bereute es aufrichtig. Er versicherte dem Kaplan, dass er die Welt und alle Dinge in einem völlig neuen Licht sehe und dass das Bewusstsein seines Verbrechens seinen ganzen Charakter verändert habe. Was wäre das Schicksal eines solchen Mannes gewesen, wenn man ihn freigelassen hätte?

Alfred Sowrey.

Alfred Sowrey.

Einer der schlimmsten Fälle, mit denen ich je zu tun hatte, war der von Alfred Sowrey, der am 1. August 1887 in Lancaster Castle gehängt wurde, weil er in Preston das Mädchen erschossen hatte, mit dem er verlobt war. Am Tag der Hinrichtung war er reuelos, gewalttätig und halb tot vor Angst. Während seines Prozesses starrte er so verrückt umher, dass diejenigen, die in der Nähe der Anklagebank standen, um ihre persönliche Sicherheit fürchteten. In der Zeit zwischen Urteilsverkündung und Hinrichtung wurde er vor lauter Angst schwer krank, und man glaubte, er könne den Tag seiner Hinrichtung unmöglich erleben. Die Bemühungen des Gefängniskaplans, Sowrey zu beruhigen und vernünftiger zu machen, schienen völlig vergeblich, der Gefangene war zu verängstigt, um auf das, was man zu ihm sagte, wirklich zu achten. Am Morgen der Hinrichtung nahm er sein Frühstück wie üblich ein, lehnte jedoch die Dienste des Kaplans ab. Von der Zelle zum Schafott musste er von zwei Wärtern, in deren starken Armen er heftig kämpfte, teils geschoben, teils getragen werden. Sein Stöhnen und Schreien war im ganzen Gefängnis zu hören. Seine Zähne klapperten und sein Gesicht war abwechselnd leichenblass und totenbleich. Der Verbrecher kämpfte heftig um jeden Zoll Boden, den der Zug zurücklegte, und musste mit Leib und Seele die Stufen hinaufgetragen und auf den Abgrund gelegt werden. Als er

den Balken über sich sah, schien den elenden Jungen ein noch wilderer
Angstanfall zu ergreifen, und vier Wärter waren nötig, um ihn in Position zu
halten. Selbst mit dieser Hilfe hatte ich die größte Mühe, seine Beine zu
fesseln, und während ich dies tat, erhielt ich einen bösen Tritt, der mir ein
Stück Knochen aus dem Schienbein riss und eine noch heute sichtbare Spur
hinterließ. Nachdem er die Fesselung abgeschlossen hatte, wehrte er sich
immer noch gegen das Anlegen der Schlinge, warf seinen Kopf heftig von
einer Seite auf die andere und setzte seinen Kampf fort, bis der Abgrund fiel.
Während dieser ganzen schrecklichen Szene las der Kaplan, der sich sehr für
seinen undankbaren Schützling interessiert und alles für Sowrey getan hatte,
was er konnte, weiterhin die wunderschönen Gebete für die Sterbenden, aber
Sowrey schenkte ihnen keine Beachtung.

Dr. Kreuz.

Dr. Philip Henry Eustace Cross.

Meine erste Hinrichtung im Jahr 1888 war die von Dr. Philip Henry Eustace
Cross, der seine Frau langsam vergiftete, indem er ihr über lange Zeit fast
täglich mehrere Dosen verabreichte. Dr. Cross war ein pensionierter
Militärarzt aus guter Familie. Seine medizinische Erfahrung verschaffte ihm
bei der Begehung seines Verbrechens einen großen Vorteil, und er war
offensichtlich davon überzeugt, dass nicht die geringste Gefahr einer
Entdeckung bestand. Nach seiner Verurteilung beteuerte er seine Unschuld,
bis er die Nachricht erhielt, dass es keine Gnadenfrist geben würde, sondern
das Gesetz seinen Lauf nehmen müsse. Dann verfiel er in einen traurigen
Zustand und widmete seine Aufmerksamkeit ganz der Bibel. In den letzten

Tagen vor seiner Hinrichtung war er sehr erschöpft, und in seiner letzten Nacht ging er erst um zwölf Uhr zu Bett. Sein Schlaf war unruhig und unruhig. Am Morgen jedoch war er entschlossen. Er sagte seinen Begleitern, dass er den Tod nicht fürchte, da er ihm auf dem Schlachtfeld mehr als einmal von Angesicht zu Angesicht gegenübergestanden habe. Er starb ungerührt, ohne ein Wort.

Josef Walker.

Ein von Trauer gezeichnetes Gesicht, das mich oft verfolgt, ist das von Joseph Walker, der im November 1887 in Oxford hingerichtet wurde. Er hatte seine zweite Frau nach großer Provokation ermordet. Ihre rücksichtslosen Trinkgewohnheiten und ihre Eifersucht, die sich bald nach der Hochzeit entwickelten, hatten das Haus zu einem absoluten Elend gemacht. Mehrmals bedrohte sie ihren Mann mit einem Messer, und die einzige Möglichkeit, wie er sich verteidigen konnte, ohne sie zu verletzen, bestand darin, ihre Handgelenke zu packen und sie auf dem Boden festzuhalten, bis ihre Wut nachließ. Der Höhepunkt wurde erreicht, als einer von Walkers Söhnen aus seiner ersten Frau, der von seiner Stiefmutter aus dem Haus vertrieben worden war, Selbstmord beging. Der Vater schrieb dies der Grausamkeit der Stiefmutter zu. Sie ging nach Croydon, wo der Selbstmord begangen wurde, um der Untersuchung beizuwohnen, und anstatt nach Hause zurückzukehren, blieb sie in London, bis ihr Mann sie abholen ging. Bis zu diesem Zeitpunkt war er ein stabiler Mann gewesen, aber nach der Rückkehr aus London verfiel er dem übermäßigen Trinken und vernachlässigte seine Arbeit. Am Tag des Mordes kam es zu einem heftigen Streit zwischen dem Mann und seiner Frau, und als er betrunken einschlief, plünderte sie seine Taschen und nahm eine beträchtliche Summe Geld mit. In der Nacht schnitt Walker seiner Frau die Kehle durch und tötete sie mit einem schrecklichen Schlag. Dann rief er, ernüchtert durch seine Tat, einen Nachbarn als Zeugen seiner Tat herbei und stellte sich der Polizei, die zum Haus geholt worden war. Die Jury sprach das Urteil „schuldig" aus, sprach dem Richter jedoch gleichzeitig eindringlich Gnade aus. Aufgrund der großen Provokation, die Walker erfahren hatte, wurden energische Anstrengungen unternommen, den Innenminister dazu zu bewegen, das Todesurteil in eine Zuchthausstrafe umzuwandeln, aber ohne Erfolg. Der Verurteilte war vollkommen bereit zu sterben, und seine aufrichtige Reue berührte den Kaplan sehr, der sich früh und spät bemühte, ihn zu trösten. Walker verbrachte viel Zeit mit inbrünstigen Gebeten, nicht für sich selbst, sondern für seine Kinder. Er betete unaufhörlich, dass seine Sünde sie nicht heimsuchen möge, denn er wusste, wie unser christliches Land normalerweise diejenigen behandelt, die die Last eines entehrten Namens zu tragen haben. Er flehte Gott und die Menschen an, seine Kinder freundlich zu behandeln und sie auf den Weg der Nüchternheit und Ehrlichkeit zu führen. Während er den Mord gestand, bestritt er selbst jegliche Vorsätzlichkeit. Zum Zeitpunkt der Hinrichtung war er vollkommen gefasst und ging ruhig zum Schafott, aber er schien nichts zu sehen – seine Gedanken waren weit weg – und selbst nach seinem Tod zeigte sein Gesicht denselben Ausdruck trauriger Gelassenheit. Walker war ein schwerer Mann, der über 16 Stone wog, und erlitt einen Fall von 2 Fuß 10 Zoll, den kürzesten, den ich je erlebt habe.

John Jackson,

dessen dreister Mord an Wärter Webb und seine Flucht aus Strangeways Gaol sowie sein Erfolg, sich vor der Polizei zu verstecken, großes Interesse an seinem Fall erregten, wurde von mir in demselben Gefängnis hingerichtet, in dem sein Verbrechen begangen wurde. Obwohl man allgemein davon ausging, dass er zu keinen Gefühlen fähig war, war seine Erregung angesichts seines eigenen Schicksals so rührend, dass der Beamte, der ihm mitteilen musste, dass ihm kein Aufschub gewährt wurde, sehr ungern die Nachricht überbrachte. Als er es hörte, senkte er den Kopf und brach in Tränen aus, denn so seltsam es auch klingen mag, er hatte gehofft, dass das Todesurteil nicht vollstreckt würde. Sein Kummer hielt bis zuletzt an, und bis zuletzt beharrte er darauf, dass er den Wärter nur betäuben und nicht töten wollte. In der Nacht vor seinem Tod schlief er zwei Stunden nicht, und als ich am Morgen seine Zelle betrat, war er in inbrünstiges Gebet vertieft. Er schüttelte mir auf eine äußerst ergreifende Weise die Hand und unterwarf sich ruhig der Fesselung. Er ging resigniert zum Schafott und starb, ohne einen Laut von sich zu geben.

John Jackson.

Charles Joseph Dobell und William Gower.

Von einem alten Verbrecher erwartet man natürlich eisernes Gleichgültigkeit, aber es macht mich traurig, dies bei jungen Menschen zu sehen, und doch waren zwei der jüngsten Männer – oder eher Jungen –, die ich hingerichtet habe, äußerst gefühllos. Es waren Charles Joseph Dobell (17 Jahre alt) und William Gower (18), die im Gefängnis von Maidstone hingerichtet wurden, weil sie etwa sechs Monate zuvor einen Zeitnehmer in einem Sägewerk in Tunbridge Wells ermordet hatten. Das Verbrechen wurde so sorgfältig verübt, dass die Polizei keine Spur davon finden konnte, und es wurde erst durch das Geständnis der Jungen gegenüber einem Offizier der Heilsarmee herausgefunden. Es gibt Grund zu der Annahme, dass die natürliche Abenteuerlust der Jungen durch die Lektüre hochsensationsfreudiger Literatur – Groschenromane und dergleichen – krankhaft angeregt wurde. Sie schienen sich mit einer Art Tapferkeit oder Mut aufgeführt zu haben, der, wenn er echt gewesen wäre, einem Patrioten oder Märtyrer zur Ehre gereicht hätte, der sich für sein Vaterland oder seinen Glauben opfert, oder einem ihrer Hinterwäldlerhelden, der gegen „eine Horde bemalter Wilder" kämpft. Bei zwei Jungen, fast noch Kindern, die für ihr Verbrechen zum Tode verurteilt wurden, war dies jedoch beunruhigend. Nach der Urteilsverkündung hörten sie den Worten des Kaplans aufmerksam zu, zeigten jedoch keinerlei Anzeichen von Emotionen, und es wurde gesagt, dass „es fraglich ist, ob ihnen jemals der Ernst ihrer Lage völlig bewusst war". Sie gingen trotzig und aufrechter als sonst zum Schafott, und keiner von ihnen sah den anderen an oder sprach mit ihm. Es gab keinen Abschied, kein Wort der Reue oder des Bedauerns, lediglich eine kurze Bitte an Gott, sie aufzunehmen.

Samuel und Joseph Boswell.

Es ist ein schreckliches Verfahren, Männer hinrichten zu müssen, die fest davon überzeugt sind, dass ihnen Unrecht widerfährt, und zwar offenbar aus vernünftigen, wenn auch nicht korrekten Gründen. Der schlimmste Fall dieser Art, an den ich mich erinnere, war der Fall von Samuel und Joseph Boswell, die im Gefängnis von Worcester hingerichtet wurden, weil sie einen Wildhüter auf dem Anwesen des Duc d'Aumale in Evesham ermordet hatten. Drei Männer, die Boswells und Alfred Hill, wurden des Mordes für schuldig befunden, und der einzige Unterschied, den die Jury hinsichtlich ihrer Schuld feststellen konnte, bestand darin, dass Hill, wenn überhaupt, der Schlimmste der drei war. Es wurde ein Antrag auf Begnadigung gestellt, offenbar mit der Begründung, dass die Männer zwar der Wilderei schuldig waren, aber nicht die Absicht gehabt hätten, einen Mord zu begehen. Der Innenminister reagierte auf diesen Antrag, indem er die Strafe in Hills Fall auf lebenslange

Zuchthausstrafe reduzierte. Diese Maßnahme verblüffte die Menschen von Evesham ziemlich, da sie dachten, es gäbe keinen möglichen Grund, das Schicksal der drei Täter zu ändern. Der Pfarrer telegrafierte dem Innenminister, dass seine Entscheidung „absolut unverständlich" sei; der Bürgermeister telegrafierte im Namen der Gemeinde, dass „die gesamte Gemeinde in Evesham und die Herren der Grafschaft allgemeine Empörung" zum Ausdruck gebracht hätten. Mehrere andere ähnliche Botschaften wurden von anderen Stellen verschickt, und der Pfarrer von Evesham wurde nach London geschickt, um den Innenminister zu befragen. Die Nachricht wurde Hill mitgeteilt, aber nicht den Boswells, und da die Gefühle unter Außenstehenden so stark waren, kann man sich vorstellen, dass die beiden Männer, die die Strafe erleiden mussten, von einem Gefühl der Ungerechtigkeit schockiert waren, als sie sich am Morgen der Hinrichtung trafen und feststellten, dass Hill begnadigt worden war. Als sie sich an diesem verhängnisvollen Morgen trafen, küssten sich die Brüder, und als sie sich umsahen, fragten sie gleichzeitig: „Wo ist Hill?" Als sie eine Antwort erhielten, schienen sie von dem Gefühl der Ungerechtigkeit der Vereinbarung völlig niedergeschlagen zu sein. Sie behaupteten, dass Hill der wahre Mörder sei, während sie nur Komplizen seien. Die Männer waren während ihrer Gefangenschaft sehr beunruhigt gewesen durch den Gedanken, was mit ihren Frauen und Kindern geschehen würde, und befanden sich in einem schrecklich gequälten und nervösen Zustand. Ich setzte ihnen die weißen Kappen auf, bevor ich die Zellen verließ, und ein paar Schritte von der Tür des Hauses, in dem das Schafott stand, zog ich ihnen die Kappen über die Augen. Das tue ich immer, wenn Männer nicht ganz fest und entschlossen sind, bevor sie das Schafott sehen. Im Fall von Samuel Boswell führte diese einfache Handlung dazu, dass er zusammenbrechend in die Arme eines der Wärter fiel und fast auf das Schafott getragen werden musste. Er stöhnte mehrere Male, bis er die Stimme seines Bruders hörte, die antwortete: „Herr, erbarme dich unser", woraufhin er sich wieder zusammenriss und antwortete: „Christus, erbarme dich unser." Dann rief Joseph kläglich: „Oh, meine arme, liebe Frau." „Ja", antwortete Samuel, „und meine liebe Frau und meine armen Kinder." Joseph drehte den Kopf ein wenig und sagte: „Auf Wiedersehen, Sam", worauf sein Bruder antwortete: „Auf Wiedersehen, Gott segne dich, Joe Boy. Oh, meine Güte", fuhr Joseph fort: „Ich hoffe, es geht allen gut", und als er zu Ende gesprochen hatte, fiel der Tropfen und gemeinsam sühnten die Brüder ihr Verbrechen.

Richard Davies.

Ein weiterer Fall, in dem „der eine genommen und der andere zurückgelassen wurde", war der Mordfall Crewe, in dem Richard und George Davies des

Mordes an ihrem Vater für schuldig befunden wurden, wobei aufgrund ihres jungen Alters dringend Gnade empfohlen wurde. Soweit man feststellen konnte, gab es absolut keinen Unterschied im Grad ihrer Schuld; aber die Strafe für George wurde in Zuchthaus umgewandelt, einfach weil er der Jüngere war. Daraufhin herrschte im ganzen Land große Aufregung, und Tausende von Telegrammen und Petitionen gingen beim Innenministerium ein, in denen darum gebeten wurde, dass die Milde auf beide gleichermaßen ausgedehnt werden möge, da die Schuld beider gleich war. Aber alles ohne Erfolg. Der verurteilte Junge beteuerte bis zu seinem letzten Augenblick, dass er, obwohl er an dem Mord beteiligt war, seinen Vater nie geschlagen und auch nicht die Axt angefasst habe, mit der die Tat begangen wurde. Er schrieb seiner Mutter, seinen Brüdern und Schwestern die liebevollsten Briefe; diese schienen an die Wahrheit seiner Aussagen bezüglich seines Anteils an dem Verbrechen zu glauben. Zehn Minuten vor seinem Tod schrieb er dieselbe Erklärung und übergab sie dem Kaplan. Er erklärte, er habe keinen Wunsch zu leben, aber er hoffe und erwarte, seine Verwandten im Himmel zu treffen. Als ich seine Zelle betrat, war er blass, aber ruhig. Nachdem ich ihn gefesselt hatte, schien sein Gesicht noch blasser zu sein und sein Mund bewegte sich krampfhaft, als er versuchte, seine Erregung zurückzuhalten. Den Korridor entlang ging er fest und mit gesenktem Kopf, aber als wir den Hof erreichten, wo eine frische Brise wehte und der blaue Himmel sichtbar war, hob er Kopf und Augen für einen letzten Blick auf die Welt und den Himmel. Er starb fest und mit einem kurzen Gebet auf den Lippen.

In den beiden zuletzt beschriebenen Fällen wurde das Vorgehen des Innenministers von Presse und Öffentlichkeit sehr scharf kommentiert, und meiner Ansicht nach sind solche Vorkommnisse die stärksten möglichen Argumente für die Neugestaltung des Gesetzes, die ich im Kapitel „ Todesstrafe “ vorschlage. Es ist entschieden schädlich für die Öffentlichkeit, wenn der Eindruck entsteht, Leben oder Tod eines Menschen hingen eher von der Dringlichkeit der Petitionen zu seinen Gunsten und dem Maß der ihm gegenüber zum Ausdruck gebrachten Sympathie ab als von der Gerechtigkeit des Falles. Darüber hinaus scheint es mir, dass Presse und Öffentlichkeit sich in eine völlig unlogische Lage bringen, wenn sie Sonderfälle herausheben und die Entscheidung des Innenministeriums angreifen. Wenn sie Einwände gegen das System haben, die Angelegenheit in die Hände des Innenministers zu legen, dann sollte sicherlich das System und nicht der Mensch angegriffen werden. Sind sie andererseits davon überzeugt, dass der Innenminister das zuständige Gericht ist, sollten sie sich mit seinem Urteil sicherlich zufrieden geben. Dabei sollten sie bedenken, dass er weitaus bessere Möglichkeiten hat, den Sachverhalt und die Gesamtheit der Beweise zu beurteilen, als es jeder Außenstehende je könnte, und dass er aufgrund seiner Verantwortung in der Sache seine Ermittlungen sorgfältiger durchführen muss, als es jeder Außenstehende je könnte.

Das melancholische Interesse des Themas verleitet mich dazu, weiterzulesen, doch die Einzelheiten der Mördertode sind im besten Fall grausig und grimmig, und ich fürchte, meine Leser werden sich schaudernd wünschen, ich solle aufhören. Noch zwei Erlebnisse, und ich werde diese traurige Geschichte beenden.

Maria Eleanor Wheeler,

besser bekannt als Mrs. Pearcey, war eine Frau mit ausgesprochen starkem Charakter. Ihr Verbrechen liegt so kurz zurück und hat so viel Interesse geweckt, dass ich nicht auf die Umstände eingehen muss. Die Nacht vor ihrer Hinrichtung verbrachte sie in der Todeszelle, bewacht von drei Wärterinnen, die ihre Standhaftigkeit als bemerkenswert bezeichneten. Als ich ihr vorgestellt wurde, sagte ich: „Guten Morgen, Madam", und sie schüttelte mir ohne jede Spur von Emotionen die Hand. Sie war sicherlich die gelassenste Person in der ganzen Gruppe. Sir James Whitehead, der Sheriff der Grafschaft London, fragte sie, ob sie eine Erklärung abgeben wolle, da ihre letzte Gelegenheit dazu schnell näher rückte, und nach einer kurzen Pause sagte sie: „Mein Urteil ist gerecht, aber ein Großteil der Beweise gegen mich war falsch." Als sich der Zug formierte und eine der Wärterinnen zu beiden Seiten der Gefangenen trat, wandte sie sich ihnen zu, in dem rücksichtsvollen Wunsch, ihnen den Schmerz der Todesszene zu ersparen, und sagte: „Sie brauchen mir nicht zu helfen, ich kann alleine gehen." Eine der Frauen sagte, dass es ihr nichts ausmache, sie aber bereit und gewillt sei, Mrs. Pearcey zu begleiten, worauf diese antwortete: „Na gut, wenn es Ihnen nichts ausmacht, mit mir zu gehen, bin ich gern bereit." Dann küsste sie sie alle und starb ruhig und schmerzlos.

Frau Pearcey.

John Conway,

der in Liverpool einen zehnjährigen Jungen ermordete, war ein äußerst schwer zu verstehender Fall. Sein bisheriges Vorstrafenregister wies keine streitsüchtigen oder mörderischen Neigungen auf, obwohl bekannt war, dass er gelegentlich betrunken war; und es schien absolut kein Motiv für das Verbrechen zu geben, das man hätte ausmachen können. Sein Geständnis legte er am Tag vor seiner Hinrichtung privat beim Priester ab, mit der Anweisung, es zu verlesen, sobald er tot sei, aber es ließ die Frage nach dem Motiv so mysteriös wie immer. Es lautete wie folgt: „Indem ich meine Schuld gestehe, bekräftige ich, dass mein Motiv nicht Gewalttat war. Ein solcher Gedanke ist mir in meinem ganzen Leben nie gekommen. Der Alkohol hat mich ruiniert, nicht die Lust. Ich wurde zu dem Verbrechen getrieben, während ich unter dem Einfluss von Alkohol stand, durch einen Anfall von Mordwahn und eine krankhafte Neugier, den Sterbeprozess zu beobachten. Einen Moment nach Begehung des Verbrechens empfand ich den tiefsten Kummer darüber und hätte alles auf der Welt getan, um es ungeschehen zu machen." Conway war ein sehr abergläubiger Mann, der an Omen, Hexerei und alle möglichen übernatürlichen Kräfte glaubte, und er war der festen Überzeugung, dass er der Hinrichtung entgehen würde, wenn man einen guten Mann dazu bewegen könnte, für ihn zu beten. Er war überzeugt, dass seine eigenen Gebete nichts nützen würden, und er dachte, dass er nicht würdig sei, das Sakrament seiner Kirche zu empfangen; aber er besuchte den Gottesdienst, bei dem das Sakrament gespendet wurde, und bat darum, dass einer seiner Mitgefangenen, der an der Zeremonie teilnahm, für ihn beten möge. Als er das Schafott erreichte, starrte Conway wild um sich und schrie, dass er etwas sagen wolle. Der Priester griff ein, um mich dazu zu bewegen, die Hinrichtung für ein paar Sekunden zu unterbrechen, und ich tat es, aber der Verurteilte dankte lediglich den Gefängnisbeamten und seinem Beichtvater für ihre Freundlichkeit. Und so starb er.

John Conway.

Meint der Leser, ich hätte dieses Kapitel zu sehr in die Länge gezogen? Meint er, ich hätte seine Gefühle unnötig strapaziert? Wenn ja, dann kann ich ihm versichern, dass ich dieses Kapitel nicht geschrieben hätte, dass ich dieses Buch nicht geschrieben hätte, wenn ich nicht, wie ich glaube, gute Absichten verfolgt hätte. Ich habe versucht, Sensationsjournalismus zu vermeiden, aber ich möchte jeden Leser zum *Nachdenken anregen* . Ich möchte ihn zum Nachdenken darüber bringen, dass Mörder letztlich Männer und Frauen mit menschlichem Mitgefühl und menschlichen Leidenschaften sind. Ich möchte ihn zum Nachdenken darüber bringen, dass es verschiedene Grade des Mordes gibt, dass Gerechtigkeit und nicht krampfhafte Nachsicht das Ziel unserer Gesetze sein sollte, und noch ein paar andere Gedanken, die dem Leser ohne meine Anregung in den Sinn kommen werden.

Schloss Lancaster.

KAPITEL IX.
Aus der Sicht des Mörders.

B SANG , und wir wiederholen seinen Gesang gern:—

Oh! Das Geschenk würde uns viel Kraft geben,

Uns selbst so zu sehen, wie andere uns sehen;

aber ich habe noch nie jemanden das gegenteilige Bestreben äußern hören, nämlich die Gabe, andere so zu sehen, wie sie sich selbst sehen. Und doch bin ich mir nicht ganz sicher, ob diese Gabe nicht ebenso wünschenswert ist wie die andere. In jedem Fall ist es absolut notwendig, dass wir die Dinge aus ihrer Sicht sehen können, wenn wir für irgendeine Klasse von Menschen kluge und gute Gesetze erlassen wollen. Ich beginne dieses Kapitel mit großem Zögern, denn ich weiß, dass meine Fähigkeit, Gedanken und Charaktere zu analysieren, nicht ausreicht, um das Thema in groben Zügen abzuhandeln. Aber wenn ich ein paar Leute dazu bewegen kann, die Frage des Mordes und seiner Bestrafung aus der Sicht des Mörders zu betrachten, wird mir dieses Kapitel gut tun.

Insgesamt glaube ich, dass unsere Haltung gegenüber Mördern zu sehr auf Gefühlen und zu wenig auf Vernunft beruht. Viele Menschen bemitleiden alle Mörder, ob sie es nun verdienen oder nicht; viele andere verurteilen sie mit Leib, Seele und Geist, ohne zu bedenken, inwieweit sie das Ergebnis von Umständen sind. Wenn ich meine Leser dazu bringen kann, zu bedenken, dass ein Mörder ebenso das Recht hat, den Staat zu verurteilen, wie der Staat, ihn zu verurteilen, dann wird dieses Buch meiner Meinung nach einen guten Zweck erfüllt haben.

Ich möchte hier kein Argument ausarbeiten, sondern nur einige der von den Mördern geäußerten Ideen wiedergeben, in der Hoffnung, dass sie zu fruchtbaren Gedankengängen führen. Ich möchte jedoch darauf hinweisen, dass viele der Menschen, die auf dem Schafott gestorben sind, unter so beklagenswerten Umständen gelebt haben – sie wurden von jeder Art von Versuchung heimgesucht, von einer Atmosphäre fröhlicher und hohler Laster umgeben, in Elend gewiegt und in Elend und Sünde erzogen, mit wenig Gutem und Schönem in ihrem Leben, um sie aufzurichten, aber mit der verfluchten Leichtigkeit, an Alkohol zu kommen, um sie hinunterzulocken – unter so beklagenswerten Umständen, sage ich, dass selbst ein Engel sich kaum unbefleckt von einer solchen Welt halten könnte. Wenn Menschen ein schreckliches Verbrechen begehen, ist es unsere Pflicht, die Strafe zu fordern; aber es wird uns nicht schaden, darüber nachzudenken, ob wir in irgendeiner Weise für die Umstände verantwortlich sind, die sie zum Verbrechen getrieben haben könnten; und ob wir nicht noch mehr tun können, als wir tun, um Verbrechen durch die Verbesserung der Umstände zu verhindern.

Neben den Lebensbedingungen verdient auch der psychische Zustand der bedauernswerten Täter Beachtung und wir sollten uns meiner Meinung nach die Frage stellen, ob es für manche der Mörder und auch für die Gesellschaft nicht besser gewesen wäre, sie schon Jahre, bevor sie in die Mordfalle abrutschten, unter lebenslange Zwangsmaßnahmen zu stellen.

Dem aufmerksamen Leser werden natürlich noch viele weitere Fragen in den Sinn kommen, auf die ich hier nicht näher eingehen muss.

Arthur Shaw.

Zu meinen früheren Hinrichtungen gehörte die von Arthur Shaw in Liverpool. Shaw war ein 31-jähriger Schneider, der in Manchester lebte. Er war verheiratet, aber sein Eheleben war nicht glücklich, denn seine Frau scheint stark getrunken zu haben und er selbst war nicht beständig. Am 3. November 1884 stritten und stritten sie eine Zeit lang, und kurz darauf wurde die Frau tot aufgefunden – den Ärzten zufolge durch Strangulation getötet. Shaw leugnete den Mord nicht, plädierte jedoch darauf, dass er unabsichtlich gewesen sei und dass er durch die langjährige Ausschweifung seiner Frau sehr provoziert worden sei. Die Jury empfahl dringend, ihn zu begnadigen. Unmittelbar bevor er seinem Schicksal entgegenging, gab der Mann in einem letzten Gespräch mit dem Kaplan seine Schuld zu, beharrte jedoch ernsthaft darauf, dass er nie die Absicht gehabt habe, den Tod seiner Frau zu verursachen. Er erklärte, dass er zur Zeit des Mordes nicht betrunken gewesen sei, sondern dass ihn die Trunkenheit seiner Frau und die Vernachlässigung des Hauses, in dem immer ein elendes Leben herrschte, zum Trinken getrieben habe; und dass ihre Trunkenheit und Vernachlässigung ihn so sehr aufregten, dass er völlig außer sich geriet. Er schloss mit den Worten: „Als wir uns stritten, hatte ich keine Ahnung, dass ich die arme Frau tötete.“

Thomas Parry,

am 20. Januar 1885 in Galway wegen des Mordes an Miss Burns gehängt, schrieb eine lange Erklärung, die er dem Gouverneur übergab, damit er sie nach seinem Tod verlesen konnte. Der Kern der Erklärung wird in folgendem Absatz wiedergegeben: „Ich möchte der Öffentlichkeit und meiner Familie und meinen Freunden versichern, dass ich in der Woche vor dem Mord und einige Zeit danach geistig unzurechnungsfähig war. Ich leide gern für das Verbrechen, das ich begangen habe, und bin zuversichtlich, dass ich in eine Ewigkeit der Glückseligkeit eingehen werde. Ich sterbe in Frieden mit allen Menschen und hoffe, dass mir jeder, dem ich jemals Schaden zugefügt habe, vergeben wird.“

George Horton,

von Swanwick vergiftete seine kleine Tochter, vermutlich um an die 7 Pfund zu kommen, für die ihr Leben versichert war, und wurde am 1. Februar 1886 in Derby hingerichtet. Für einen normalen Menschen ist es schwierig oder unmöglich, die Gemütsverfassung eines solchen Mannes zu verstehen. Man würde ihn für absolut gefühllos halten, doch er weinte über der Leiche seines Kindes, als er ihren Tod erfuhr, und schrieb seinen anderen Kindern die liebevollsten Briefe, als er im Gefängnis saß. Ein Teil seines letzten Briefes an seine älteste Tochter lautete wie folgt:

Sie müssen unbedingt zu Gott beten, damit er Ihnen Ihr ganzes Leben lang beisteht, und Sie müssen für Ihre Brüder und Schwestern beten. Ich bete zu Gott, dass er Sie Ihr ganzes Leben lang beschützt. Also, meine liebe Tochter, Sie müssen an das denken, was ich Ihnen gesagt habe. Sie müssen immer die Wahrheit sagen, und wenn Sie in Versuchung geraten, etwas Falsches zu tun, müssen Sie zu Gott um seine Hilfe beten, und er wird Sie erhören. Denken Sie immer daran, meine lieben Kinder, und Sie müssen das Gleiche den anderen sagen, Ihnen, das heißt Ihren Brüdern und Schwestern. Gott hat versprochen, Ihnen in jeder Hinsicht ein Vater zu sein. Denken Sie daran, dass er alles sieht, was Sie tun und denken. Wenn Sie dann hier auf Erden seinen Willen tun, wird er Sie auf seinen Thron in Herrlichkeit aufnehmen, wo alles Frieden und Ruhe ist. Also, meine lieben Kinder, werden Sie alle Ihre Brüder und Schwestern und Ihre arme, liebe Mutter im Himmel treffen können, und mit Gottes Hilfe werde ich Sie auch dort treffen. Möge Gott Ihnen allen helfen und Sie segnen und Sie Ihr ganzes Leben lang beschützen. Er wird es tun, wenn Sie zu ihm beten und ihn darum bitten. Du musst Gott alles vortragen und für dich beten, denn jetzt gibt es niemanden mehr, der dir helfen kann. Also nichts weiter von deinem liebenden Vater, GEORGE HORTON. Möge Gott euch alle segnen. Küsse für euch alle.

Edward Pritchard.

Edward Pritchard

war ein Beispiel dafür, wie „schlechte Beziehungen gute Manieren verderben" und ein eindrucksvolles Beispiel für die bedauerliche Nutzlosigkeit unseres Besserungssystems. Mit zwölf Jahren wurde er als „Partner von Dieben" verurteilt und zu zwei Jahren Besserungsanstalt verurteilt. Drei Jahre nach Verlassen der Besserungsanstalt gelang es ihm, dem Gefängnis zu entgehen, aber mit siebzehn wurde er wegen Ladeneinbruchs zu vier Monaten Gefängnis verurteilt und saß danach häufig im Gefängnis. Etwa ein Jahr vor dem Mord schien er sich gebessert zu haben, besuchte die Sonntagsschule und die Kapelle und nahm bis zum Zeitpunkt der Begehung des Mordes aktiv an religiöser Arbeit teil. Er ermordete einen kleinen Jungen von vierzehn Jahren, der regelmäßig Geld von der Bank holte, um den Lohn einer großen Fabrik zu bezahlen, und stahl ihm das Lohngeld im Wert von über 200 Pfund. Die Beweise für die Tat waren absolut schlüssig und überwältigend, und Pritchard hatte keine Hoffnung auf Begnadigung. Ein oder zwei Tage nach seiner Verurteilung schrieb er einen Brief an einen seiner Sonntagsschullehrer, in dem er erklärte, er habe seinen Irrtum eingesehen, alle seine Gefährten drängte, schlechte Gesellschaft, Alkohol und Rauchen zu meiden, von der Freude sprach, mit der er sich an einige der Sonntagsschullieder erinnerte, und sich auf das Vergnügen freute, sie bald „dort oben" zu singen. Sein ganzes Leben lang scheint es einen Kampf zwischen Gut und Böse gegeben zu haben, mit einem unglücklichen Kräfteverhältnis auf der Seite des Bösen. Es ist schwer zu glauben, dass er seine Freizeit ein Jahr lang der religiösen Arbeit gewidmet hätte, wenn er nicht starke Bestrebungen nach einem höheren Leben verspürt hätte. Nach seiner Verurteilung sagte er nur wenig über sich selbst und gab keine formelle Erklärung oder Beichte ab, aber ein Brief, den er an den Vater des ermordeten Jungen schrieb, wird etwas Licht auf seinen Geisteszustand werfen. In diesem Brief bestätigt Pritchard ausdrücklich, dass er durch die Anstiftung eines Gefährten zur Begehung des Verbrechens geführt wurde, und obwohl die Aussagen eines verurteilten Mörders immer mit Vorsicht zu genießen sind, ist es möglich, dass es einen Grund für diese Behauptung gab. Wenn das Verbrechen tatsächlich angeregt und der Täter durch den Einfluss einer anderen Person, wahrscheinlich einer stärkeren, ermutigt wurde, können wir uns durchaus fragen, wie viel moralische Schuld dem Anstifter und wie viel dem schwachen Werkzeug zuzuschreiben ist. Der Brief lautete wie folgt:

Gefängnis Ihrer Majestät,
Montag, 14. Februar .

Herr,

Ich schreibe Ihnen diese Zeilen, um meine tiefe Trauer über das schreckliche Verbrechen auszudrücken, das ich Ihnen und Ihrem Herrn angetan habe. Ich schreibe Ihnen, um Sie zu fragen, ob Sie und Ihre Frau mir verzeihen, dass ich Ihren Jungen getötet habe, und fragen Sie bitte den Herrn, ob er mir verzeihen wird, dass ich ihm sein Geld abgenommen habe. Es wäre nicht passiert, wenn ich nicht dazu angestiftet worden wäre, und es war niemand anderes als ——— ———, der als Zeuge gegen mich auftrat. Er überredete mich, es zu tun, und sagte, er könnte es selbst tun, wenn ich es nicht täte; so tat ich diese unglückliche Angelegenheit. Es tut mir sehr leid, dass ich überhaupt —— begegnet bin, aber es lässt sich jetzt nicht mehr rückgängig machen. Ich habe Gott um Gnade angefleht; ich muss immer noch flehen, und ich hoffe, dass ich ein besseres Zuhause finden werde. Ich habe ihn gebeten, mir zu vergeben und alle meine Sünden auszulöschen und mich im kostbaren Blut meines Erlösers zu waschen; und ich denke und fühle, dass er es tun wird. Ich werde am Mittwoch die heilige Kommunion empfangen und möchte bis Mittwoch von Ihnen hören, bevor ich an diesem heiligen Fest teilnehme. Wenn Sie mir vergeben, werde ich mehr Frieden finden.

Was ich getan habe, tut mir wirklich sehr, sehr leid. Nichts kann mich vor meinem Schicksal retten, das am Donnerstag eintreten wird, aber ich kann Gott bitten, meiner armen Seele gnädig zu sein.

Mehr habe ich im Moment nicht zu sagen, nur dass ich ein guter Freund des armen Harry war und deswegen in den ersten Nächten fast verrückt geworden bin und nicht schlafen konnte; aber jetzt finde ich Trost in Jesus. Auf Wiedersehen, Sir. Bitte schicken Sie mir postwendend eine Antwort, und ich hoffe, wir werden uns im Himmel wiedersehen.

Von EDWARD PRITCHARD .

Gefängnis von Gloucester County,
Gloucestershire.

Einige Einzelheiten zu Pritchards letzten Augenblicken finden sich in „How Murderers Die", S. 78 .

Alfred Scandrett.

Alfred Scandrett ,

Ein anderer junger Mann – gerade einmal einundzwanzig Jahre alt – war ein weiteres Beispiel für die Folgen schlechter Einflüsse. Sein Vater verließ das Haus, als Alfred etwa zehn Jahre alt war. Seine Mutter war eine hart arbeitende Frau, die es schaffte, ihre Familie zu ernähren, indem sie Wäsche mangelte und Zeitungen auf der Straße verkaufte, wobei ihr Alfred und mehrere andere Kinder bei der letzteren Arbeit halfen. Der Junge hing gern an Straßenecken und Kneipen herum, und seine Mutter fand es unmöglich, ihn wie die anderen Kinder zu Hause zu halten. Er fasste ständig Vorsätze, wurde aber immer wieder von seinen Gefährten weggeführt, und mit zwölf Jahren wurde er wegen Zigarrendiebstahls aus einem Laden verurteilt, aber mit einer Verwarnung freigelassen. Einen Monat später wurde er einer weiteren Straftat angeklagt und zu 21 Tagen verurteilt. Es folgten weitere Gefängnisstrafen, dann fünf Jahre in einer Besserungsanstalt, aber die Bestrafung war keine Heilung. Seine Liebe zu seiner Mutter war seine einzige gute Eigenschaft, und wenn sie nicht durch bittere Armut gezwungen gewesen wäre, fast Tag und Nacht an ihrer Mangelarbeit und Papierhandel zu arbeiten, hätte sie ihn vielleicht vor sich selbst retten können. Er versuchte, sich von seinen schlechten Verbindungen zu lösen, und bat seine

Mutter einmal, Geld aufzutreiben, um ihn nach Kanada zu bringen, aber sie war absolut nicht in der Lage, genug zusammenzukratzen, um die Überfahrt zu bezahlen. Ein junger Mann namens Jones, der mit Scandrett gehängt wurde, war sein Komplize bei seinem letzten Verbrechen – einem Einbruch, der mit Mord endete. Obwohl er seiner Mutter sehr zugetan war, die sagte, er sei immer „ein guter Junge" zu ihr gewesen, konnte Scandrett den Gedanken nicht ertragen, zu Hause zu leben, wenn er Verbrechen beging, sodass er fast die gesamten letzten acht Jahre seines Lebens, wenn er nicht im Gefängnis war, in einfachen Unterkünften verbrachte. Nach seiner Verurteilung wegen Mordes und der Verurteilung zum Tode machte er sich große Sorgen um seine Mutter. Und er konnte sich durchaus Sorgen machen, denn die arme Frau litt schwer unter seiner Sünde. Sobald bekannt wurde, dass sie „die Mutter eines Mörders" war, zogen sich ihre Kunden – zu ihrer ewigen Schande sei gesagt – in einem solchen Ausmaß zurück, dass ihr armseliger Verdienst von 12 oder 14 Schilling auf 2 Schilling pro Woche sank und ihr Zeitungsgeschäft völlig zum Erliegen kam. Sie wurde sogar auf der Straße „gejagt" und beschimpft, als sie in ihre gewohnte Ecke ging, um Zeitungen zu verkaufen. Um von ihrem Zuhause in Birmingham zum Gefängnis von Hereford zu gelangen, wo sie ihren Sohn ein letztes Mal treffen wollte, musste sie ihr Kleid verpfänden, und selbst das brachte nur genug Geld ein, um die einfache Fahrt zu bezahlen, so dass sie sich bei der Rückfahrt auf den Zufall verlassen musste. Einige der Gefängnisbeamten, die menschlicher waren als ihre „Freunde" zu Hause, spendeten genug Geld, um die Rückfahrt zu bezahlen. Das letzte Treffen war sehr bewegend. Scandrett tröstete seine Mutter, indem er ihr versicherte, dass sie sich im Himmel wiedersehen würden, und sagte: „Bete täglich und stündlich, Mutter, so wie ich es getan habe, und dann werden wir uns im Himmel wiedersehen."

Arthur Delaney.

Die Zahl der Männer, die durch Alkohol in die Kriminalität getrieben werden, ist erschreckend, und ich sollte meinen, dass kein Abstinenzler die wahren Geschichten der Mörder lesen könnte, die mir in die Hände gefallen sind, ohne seine Bemühungen zu verdoppeln, die Menschen vor dem Fluch des Alkohols zu retten. Ein typisches Beispiel dafür war Arthur Delaney, der am 10. August 1888 in Chesterfield hingerichtet wurde. Man könnte sagen, dass er von Natur aus ein schlechter, gewalttätiger Mensch war, aber er wäre sicherlich nie zum Mörder geworden, wenn er sich nicht durch seinen starken Alkoholkonsum immer schlimmer gemacht hätte. Sein Opfer war seine Frau, mit der er vier Jahre verheiratet war und die als anständige, hart arbeitende Frau galt. Nicht sehr lange nach der Hochzeit griff er sie in einem betrunkenen Anfall gewalttätig an, wofür die Richter ihm eine Geldstrafe auferlegten und eine Trennungsanordnung erließen. Seine Frau vergab ihm jedoch und lebte trotz seines schlechten Verhaltens weiterhin mit ihm zusammen. Wenige Tage vor dem Mord war er ungewöhnlich gewalttätig und behandelte seine Frau so brutal, dass sie sich erneut an die Richter wenden musste, die ihm erneut eine Geldstrafe auferlegten. Dies steigerte Delaneys Wut so sehr, dass er seine Frau beim nächsten Mal, als er betrunken war, so heftig schlug, dass sie ins Krankenhaus gebracht werden musste, wo sie starb. Wie viele andere Täter erkannte Delaney die Ursache des Unheils, als es geschah; und ein Brief, den er nach seiner Verurteilung schrieb, hat einen Anflug von schlichter Ernsthaftigkeit, der es wert macht, ihn aufzubewahren. Er war an einige gute Templer gerichtet, die versucht hatten, ihn zu bessern.

HM Prison, Derby,
8. August 1888.

Meine lieben Freunde,

Ich schreibe Ihnen zum Abschied auf dieser Erde, hoffe aber, dass ich Sie alle in Gottes großer Gnade dort wiedersehen werde, wo es keinen Kummer und keine Versuchung mehr geben wird. Ich danke Ihnen aufrichtig für Ihre Freundlichkeit mir gegenüber und hoffe, dass mein Fall dazu beitragen wird, mit Gottes Hilfe andere aus dem Grab eines Trunkenbolds zu erheben. Wäre ich Ihrem Rat gefolgt, wäre meine arme Frau jetzt am Leben und wir wären glücklich, denn sie war mir eine treue und gute Frau. Gott weiß, dass ich ein so schreckliches Verbrechen nicht begangen hätte, wenn ich mein Versprechen gehalten hätte, aber ich hoffe, es wird eine Warnung für diejenigen sein, die mit dem Teufel spielen. Sagen Sie ———, er soll sein Herz Gott schenken, und er wird vor seinem großen Fluch, dem Alkohol, sicher sein. Sagen Sie ihm und seiner Frau von mir Lebewohl und sagen Sie ihm, er soll all seine Kräfte einsetzen, um das edle Werk der Mäßigung voranzutreiben, denn es ist Gottes Werk. Oh! Flehen Sie diejenigen an, die mit dem Alkohol spielen, sich davon fernzuhalten, denn es ist ein nationaler Fluch. Nun lebewohl von Ihnen allen. Möge Gott Ihre edle Arbeit segnen.

Von deinem unglücklichen Freund,

Arthur T. Delaney

Es lässt sich nur schwer sagen, welcher Anteil der Morde direkt auf den Alkoholkonsum zurückzuführen ist. Immer wieder stellen wir jedoch fest, dass Mörder in Briefen an ihre Freunde angeben, dass ihr Ruin durch den Alkohol, und zwar ausschließlich durch den Alkohol, verursacht wurde.

Elisabeth Berry.

Obwohl ich in diesem Kapitel versuche, ein paar Ideen zu den Mordmotiven zu vermitteln, wie sie die Mörder selbst sehen, will ich ihre Verbrechen keineswegs billigen. Mein Hauptziel ist es, die Menschen dazu zu bewegen, sich mehr mit den Ursachen von Verbrechen zu befassen. Ich möchte, dass sie darüber nachdenken, ob in vielen Fällen Vorbeugen besser ist als Heilen und ob nicht mehr getan werden kann, um die Ursachen zu beseitigen. Zweifellos ist der Alkohol für die meisten dieser Verbrechen verantwortlich. Nach dem Alkohol kommen Lust und Eifersucht, obwohl diese fast immer durch den Alkohol den Mordhöhepunkt erreichen. Das andere Hauptmotiv ist die Liebe zum Geld, die zu vielen der herzlosesten, unmenschlichsten Taten geführt hat, die zu rächen mein Schicksal war. Ich habe ein oder zwei Beispiele von Eltern genannt, die ihre eigenen Kinder für ein paar Pfund Versicherungsgeld ermordet haben, und solche Beispiele könnten vervielfacht werden. Tatsächlich wurde das Motiv vor ein oder zwei Jahren so offensichtlich, dass die Regierung gezwungen war, ein Gesetz zur Regelung der Versicherung des Lebens von Kindern zu erlassen. Wenn es früher eine solche Tat oder sogar eine noch weitreichendere gegeben hätte, wäre Elizabeth Berry vielleicht noch am Leben und läge nicht im Grab eines Schwerverbrechers. Mrs. Berry vergiftete ihre 11-jährige Tochter. Zum Zeitpunkt des Mordes war das Leben des Kindes für 10 £ versichert, wofür Mrs. Berry eine Prämie von 1d. pro Woche zahlte. Die Mörderin hatte auch einen Vorschlag für eine gegenseitige Versicherung für ihr eigenes Leben und das des Kindes gemacht, wonach im Todesfall eines der beiden 100 £ an den Hinterbliebenen ausgezahlt werden sollten. Sie war der Meinung, dass die Police abgeschlossen sei, aber in Wirklichkeit war dies nicht der Fall. Es scheint fast unmöglich, dass eine Frau ein Kind ermordet, nur um an die volle Summe von 110 £ zu kommen; und wir könnten berechtigterweise annehmen, dass es ein anderes Motiv geben muss, wenn nicht immer wieder Kindermord für viel geringere Summen begangen worden wäre. Aus der Sicht von Kindermördern scheinen ein paar Pfund Geld ein ausreichender Anreiz zu sein, ihre Hände mit dem Blut eines Mitmenschen zu beschmutzen. Daher ist es im Interesse des Kinderlebens gut, diese Versuchung zu beseitigen.

Frau Berry.

KAPITEL X.
Über die Todesstrafe.

EINE DER FRAGEN, DIE MIR AM HÄUFIGSTEN GESTELLT WIRD
, IST, OB ICH Todesstrafe für richtig und angemessen halte. Darauf kann
ich mit Ja antworten. Ich für meinen Teil lege großen Wert auf die
Anweisung der Heiligen Schrift: „Wer Menschenblut vergießt, dessen Blut
soll auch durch Menschen vergossen werden", und ich denke, dass die
Abschaffung der Todesstrafe ein Verstoß gegen das göttliche Gebot wäre.
Daher würde ich die Todesstrafe nicht ganz abschaffen, aber, wie ich später
erklären werde, würde ich die Bedingungen, unter denen sie verhängt wird,
erheblich ändern.

Vielleicht werden viele meiner Leser sagen, dass das biblische Gebot keine
Bedeutung haben sollte, und andere werden sagen, dass es ein Gebot war,
das unter der „Gesetzesordnung" gegeben wurde, während wir unter der
„Gnadenordnung" leben. Daher würde ich argumentieren, dass die
Todesstrafe, ganz abgesehen von religiösen Erwägungen, absolut notwendig
ist, um die schlimmsten Verbrecher unter Kontrolle zu halten.

Bei der Ausübung meiner Pflichten als Polizist sowohl in Nottingham als
auch in Bradford und bei der Polizei von West Riding hatte ich viele
Gelegenheiten, die Lebensweise und Denkweise der Verbrecherklasse zu
studieren, und ich habe diesem Thema viel Aufmerksamkeit gewidmet.
Aufgrund meiner Erfahrung kann ich mit Sicherheit sagen, dass die
Todesstrafe und „die Katze" die einzigen gesetzlichen Strafen sind, die für
den hartgesottenen Kriminellen, für den Mann, den man als „Profi" im
Gegensatz zu einem „Amateur"-Raufbold bezeichnen könnte, wirkliche
Schrecken hervorrufen. Ein solcher Mann tut, was er kann, um nicht ins
Gefängnis zu müssen, weil er Zwang, Routine und Nüchternheit
verabscheut, aber diese Abneigung ist nicht stark genug, um ihn von
irgendeinem Verbrechen abzuhalten, bei dem er auch nur die Chance hat,
ungeschoren davonzukommen; und ich glaube nicht, dass er jemals Angst
vor einer Gefängnisstrafe hat, wenn er einmal tatsächlich mit der
Kriminalarbeit beschäftigt ist. Zuchthaus, selbst lebenslänglich, hat keine
sehr furchteinflößende Wirkung, zum Teil, weil kein Verbrecher jemals
glaubt, dass es in seinem Fall Wirklichkeit wird, da er sich sicher ist, dass er
eine Strafumwandlung erhält; und zum Teil, weil er, selbst wenn er sicher
wäre, dass die Haft tatsächlich lebenslänglich wäre, weiß, dass das Leben im
Gefängnis letztlich kein so schreckliches Schicksal ist – wenn man sich erst
einmal daran gewöhnt hat. Aber wenn es um die Todesstrafe geht, ist die
Sache ganz anders. Der Tod ist ein schreckliches Mysterium, und ein Tod
auf dem Schafott, ein kaltblütiger, vorherbestimmter und schmachvoller Tod
ist für den Verstand eines Verbrechers besonders schrecklich. In der Regel

sind die verzweifeltsten Verbrecher diejenigen, die am meisten Angst vor dem Gedanken haben, durch die Hand des Henkers getötet zu werden, möglicherweise, weil die verzweifeltsten Menschen aus der abergläubischsten Klasse der Gesellschaft stammen und die größte Angst vor diesem „Etwas" nach dem Tod haben, das sie nicht definieren können.

Die Verbrecher vernachlässigen ihre Zeitungen nicht, sondern halten sich durch Lektüre oder Gespräche ziemlich gut über die Themen auf dem Laufenden, die sie am meisten interessieren, und verfolgen alle Einzelheiten der wichtigsten Kriminalprozesse. Auf diese Weise bleiben sie immer mehr oder weniger mit dem Gedanken an die Natur der Todesstrafe konfrontiert, und ich glaube, man wird feststellen, dass die Zahl der Kapitalverbrechen in einem bestimmten Zeitraum umgekehrt proportional zur Zahl der Todesstrafen im unmittelbar vorhergehenden Zeitraum ist. Immer wenn es eine Reihe von Hinrichtungen ohne Strafaufschub gibt, nimmt die Zahl der Morde ab, und andererseits scheint nach einer Zeit, in der mehrere Personen wegen Mordes angeklagt und freigesprochen oder nach der Verurteilung begnadigt wurden, die Zahl der Verbrechen zuzunehmen. Ich glaube nicht, dass diese Regel durch einen Verweis auf die bloße Zahl der Morde, Verurteilungen, Strafaufschübe und Hinrichtungen in den letzten Jahren überzeugend und eindringlich bewiesen werden kann, da es viele Überlegungen gibt, die sich auf die Bedeutung einer Hinrichtung oder eines Strafaufschubs auswirken; aber ich denke, dass jeder, der sich mit dem Thema befasst hat, meine Behauptung unterstützen wird.

Zweifellos hat die Angst vor dem Tod eine große abschreckende Wirkung auf verlassene Menschen, und die Angst ist am stärksten, wenn der Tod am sichersten scheint und die Hoffnung auf Begnadigung am entferntesten ist. Diese Überlegung bringt mich zu der Annahme, dass der abschreckende Wert der Todesstrafe erheblich gesteigert werden könnte, wenn sie absolut unwiderruflich gemacht werden könnte. Wenn man die Todesstrafe als moralische Macht betrachtet, um noch auf freiem Fuß befindliche Kriminelle einzuschüchtern, denke ich, dass es viel besser wäre, wenn in allen Fällen, in denen die geringste Chance auf Begnadigung besteht, die Strafe für eine gewisse Zeit ausgesetzt würde.

Ich plädiere dafür, dass das Todesurteil, wenn es einmal verhängt ist, sowohl vom Verurteilten als auch von seinen Freunden und Sympathisanten, die noch auf freiem Fuß sind, als unwiderruflich angesehen werden sollte. Gleichzeitig plädiere ich nicht für eine Erhöhung der Zahl der Hinrichtungen – ganz im Gegenteil. Als bestes Mittel zu diesem Zweck halte ich eine erhebliche Änderung unseres Strafrechts in Bezug auf Mordfälle für erforderlich. Ich denke, die Jury sollte mehr Einfluss auf das Urteil haben, und zu diesem Zweck sollten sie die Wahl zwischen fünf Arten von Urteilen haben, nämlich:

1.   Nicht schuldig.

2.   Nicht bewiesen.

3.   Mord dritten Grades.

4.   Mord zweiten Grades.

5.   Mord ersten Grades.

Im Falle eines Freispruchs würde der Angeklagte selbstverständlich freigesprochen und wäre ein freier Mann, wie er es mit einem solchen Urteil heute ist.

Im Falle des Urteils „Nicht bewiesen" sollte es in der Macht des Richters liegen, den Gefangenen in Untersuchungshaft zu nehmen, bis weitere Hinweise untersucht wurden, die Licht in den Fall bringen könnten, oder ihn freizulassen, entweder mit oder ohne Kaution oder polizeiliche Aufsicht.

Ein Urteil wegen „Mordes dritten Grades" würde in Fällen gefällt, in denen es zweifelsfreie Beweise dafür gibt, dass der Gefangene das Verbrechen begangen hat, die Umstände jedoch so sind, dass es äußerst unwahrscheinlich ist, dass der Gefangene jemals wieder ein Gewaltverbrechen begehen wird. Dies würde die Fälle von Menschen abdecken, die ihre Freunde erschießen und dann behaupten, sie hätten „nicht gedacht, dass die Waffe geladen war", und wäre ein viel besseres Urteil als das Urteil wegen „Todes durch Unfall", das derzeit im Allgemeinen gefällt wird. Wenn die Jury dieses Urteil wegen Mordes dritten Grades fällt, sollte es dem Richter überlassen bleiben, je nach den Umständen eine lange oder kurze Haftstrafe zu verhängen.

„Mord zweiten Grades" würde Fälle umfassen, in denen der Mord zwar vollständig bewiesen ist, aber weder Vorsatz noch Mordabsicht vorlag. Unter diese Überschrift würden eine Reihe von Todesfällen fallen, die auf Streit, Schlägereien und Angriffe ohne Tötungsabsicht zurückzuführen sind. Der Richter hätte die Befugnis, ein Todesurteil oder lebenslange Zuchthausstrafe zu verhängen.

Bei dem Urteil „vorsätzlicher Mord" – also Mord als Folge von Mord – bleibt dem Richter keine andere Wahl, als die Todesstrafe zu verhängen.

Eine weitere Frage, die in diesem Zusammenhang in Betracht gezogen werden sollte, ist die Frage der Berufungen. Gegenwärtig werden Berufungen an den Innenminister gerichtet. Er wird tatsächlich von einer Reihe anderer Herren unterstützt, die die ursprünglichen Beweise und alle zusätzlichen Beweise, die möglicherweise aufgetaucht sind, gründlich prüfen, aber dies ist ein nicht gesetzlich ernanntes Gericht, und die öffentliche Meinung ist, dass in Berufungsfällen die Aufhebung des Urteils in den Händen eines Mannes liegt. Ich glaube nicht, dass selbst die verkommensten Schurken dem englischen Innenminister Ungerechtigkeit vorwerfen würden, aber ich weiß, dass in vielen Kreisen die Vorstellung vorherrscht, der Innenminister sei „ein sehr freundlicher Gentleman", der sie „loslässt", wenn er kann, und eine solche Vorstellung scheint sehr boshaft zu sein. Ein Berufungsgericht würde weniger persönlich erscheinen und würde weitaus weniger der Nachsicht verdächtigt werden, wenn es aus drei Richtern bestehen würde, von denen einer der Richter sein sollte, der den Fall ursprünglich verhandelt hatte. Gegen ein solches Richtergremium würde ich Berufungen zulassen und ihm die Befugnis erteilen, Fälle wiederaufzunehmen, sie an die Geschworenen zurückzuverweisen oder Urteile abzuändern, jedoch nicht, das Urteil einer Geschworenengruppe aufzuheben. Dies würde bedeuten, dass im Falle eines Urteils wegen „Mordes ersten Grades" die Hinrichtung nur dadurch verhindert werden könnte, dass der Fall an die Geschworenen zurückverwiesen wird, und dies sollte nur bei Vorlage neuer Beweise geschehen, die auf einen Justizirrtum hinweisen. Im Extremfall, wenn Beweise im letzten Moment auftauchen, sollte der Innenminister die Befugnis haben, einen Aufschub der Hinrichtung für einen so langen Zeitraum zu gewähren, dass das Richtergremium den Fall wiederaufnehmen kann.

Das Verfassen und Einreichen von Petitionen durch Personen, die in keiner Weise mit dem Fall in Verbindung stehen, würde unter einem System, wie ich es beschrieben habe, weitgehend abgeschafft werden, aber um für Fälle vorzusorgen, in denen das System diese Wirkung nicht haben könnte, würde ich es zu einer strafbaren Handlung machen, zu versuchen, die Entscheidung der Richter oder Geschworenen durch einen Appell an andere Erwägungen als die Beweise zu beeinflussen. Ich gebe diesen Rat, weil in so vielen, ja in den meisten Fällen die in Petitionen enthaltenen Appelle auf Erwägungen basieren, die nicht der Gerechtigkeit des Falles entsprechen. Wenn die verurteilte Person eine interessante Persönlichkeit ist oder wenn es irgendeine Art von Entschuldigung gibt, auf die eine Berufung gestützt werden kann, gibt es immer eine große Anzahl von Personen, die keine besonderen Kenntnisse über den Fall haben und vielleicht nicht einmal die Zeitungsberichte gelesen haben, die bereit sind, Petitionen aufzusetzen, Unterschriften zu sammeln und viel Sympathie für jemanden zu wecken, der allzu oft nichts als Verwünschung und Verachtung verdient. Solche Agitationen führen zu vielen falschen Darstellungen von Tatsachen und oft zu pauschalen Verurteilungen des Richters und der Geschworenen. Sie neigen dazu, insbesondere in den Köpfen junger Leute die falsche Vorstellung zu verbreiten, dass die Rechtspflege unsicher und ineffektiv sei, selbst wenn sie nicht ungerecht und korrupt sei.

Allein die Tatsache, in welchem Ausmaß die Kinder durch dieses Petitionssystem auf abscheuliche Verbrechen und ihre Bestrafung aufmerksam gemacht werden, ist meiner Meinung nach ein ausreichendes Argument für ihre vollständige Abschaffung. Ich könnte einen Fall anführen, in dem die Lehrer zweier öffentlicher Schulen alle ihnen anvertrauten Kinder durch ein Vorzimmer führten, in dem eine Petition lag, und sie alle der Reihe nach unterschreiben ließen. So etwas kommt immer dann vor, wenn eine Petition zur Aufhebung oder Umwandlung eines Todesurteils unterschrieben wird, und so etwas sollte doch eigentlich nicht möglich sein.

In vielen Fällen sind die Leute, die diese Petitionen verfassen, Menschen, die grundsätzlich gegen jede Todesstrafe sind, aber leider gerät dieser Grundsatz bei der Behandlung einzelner Fälle völlig aus dem Blick. Die Tatsache, dass in einem Fall große Petitionen eingereicht werden, während in einem anderen Fall mit ähnlichen Merkmalen keinerlei Anstrengungen unternommen werden, führt natürlich dazu, dass ungebildete Menschen denken, dass in der ganzen Angelegenheit Unsicherheit und Ungerechtigkeit herrscht.

Es gibt noch einen weiteren Punkt, in dem ich denke, dass unser Gesetz in Bezug auf Mord und Todesstrafe geändert werden sollte, und zwar in Bezug auf die Zeitspanne zwischen Urteil und Vollstreckung. Im Interesse aller Beteiligten würde ich die Zeitspanne von drei vollen Wochen, wie derzeit, auf nur eine Woche verkürzen. Zweifellos werden viele Leser dies als unnötige Grausamkeit gegenüber dem Verurteilten anprangern, aber ich sage, dass ich es im Interesse aller *nach* gründlicher Überlegung und einer ungewöhnlich umfassenden Kenntnis der Ansichten des Verurteilten zu diesem Thema tun würde. Nicht eine kürzere Zeitspanne wäre eine Grausamkeit – die wahre Grausamkeit liegt in der gegenwärtig langen Zeitspanne.

Soweit ich weiß, ist die dreiwöchige „Gnadenzeit", die dem Verurteilten gewährt wird, als Zeit zur Reue und zur Besorgnis über die Seelenangelegenheiten gedacht. Daher ist die Frage, ob eine lange oder kurze Zeit gewährt wird, in hohem Maße eine religiöse und für mich gefährlich, mich damit zu befassen, daher werde ich meine Bemerkungen so weit wie möglich auf Tatsachen und bloße Überlegungen des gesunden Menschenverstands beschränken. Wenn der einzige Zweck der Zeit, die zwischen Urteil und Hinrichtung gewährt wird, darin besteht, eine Bekehrung und eine Vorbereitung auf den Himmel zu ermöglichen, ist es fair, jeden, der das gegenwärtige System beibehalten möchte, zu fragen, ob es diesem Zweck dient. Wenn nicht, scheint es kein gültiges Argument für seine Beibehaltung zu geben. Persönlich bin ich aufgrund langjähriger Erfahrung davon überzeugt, dass die Hoffnung auf eine Regeneration während drei Wochen bei Mördern absolut vergeblich ist. Es gibt viele Fälle, in denen der Verbrecher „reumütig" wird, wie es manchmal genannt wird, und diese Reumütigen können in zwei Klassen unterteilt werden. Erstens gibt es die Klasse derjenigen, die einen Mord ohne Absicht oder Vorsatz begangen haben. In einem Anfall von Raserei oder unter besonderen Umständen haben sie einen Menschen getötet. Es kann eine halb verhungerte Mutter sein, die das Baby getötet hat, das sie nicht ernähren konnte, oder ein Mann, der in einem Wutanfall seine untreue und elende Frau getötet hat, deren Verhalten ihm jahrelang das Leben zur Hölle auf Erden gemacht hat. Es kann viele andere ähnliche Fälle geben, die nach dem oben dargelegten Schema der fünf möglichen Urteile als Mord zweiten oder dritten Grades geahndet würden. Nach einem solchen Gesetz würde die Höchststrafe nicht verhängt werden; aber da wir uns unter unserem gegenwärtigen Gesetz befinden und davon ausgehen, dass diese Personen ohne Aussicht auf Begnadigung verurteilt werden, können wir uns mit Recht fragen, ob die dreiwöchige Schonfrist für sie von Vorteil ist. Solche Verbrecher sind wirklich reumütig oder vielmehr reumütig. In der Regel wird ihnen die Ungeheuerlichkeit des Verbrechens im ersten ruhigen Moment nach seiner Begehung bewusst. Sie schrecken entsetzt vor der Tat zurück, die sie begangen haben, und würden gerne alles opfern, sogar ihr Leben selbst, um diese Tat ungeschehen zu machen. Es gibt wahre Reue, die meiner Meinung nach der Schlüssel zur Vergebung ist, sogar noch vor ihrer Besorgnis und Verurteilung. Alles, was auf Erden von oder für solche armen Seelen getan werden kann, kann in einer Woche getan werden, und sie würden nicht mehr verlangen. Ihre Reue ist aufrichtig, ihr Schrecken über ihr Verbrechen ist größer als ihre Angst vor dem Tod, den sie als Mittel zur Sühne begrüßen. Ist es irgendeinem guten Zweck gedient, solche Menschen drei Wochen lang in Qualen zu halten?

Die zweite Klasse der „Büßer" besteht aus einem schrecklichen Teil der Menschheit – den feigen Desperados. Dies sind normalerweise Männer, deren Verbrechen eine Grausamkeit und Gefühllosigkeit gezeigt haben, die geradezu abstoßend ist. Sie sind die „abgehärteten" oder Berufsverbrecher, deren Herzen frei von Mitleid oder Reue sind und denen ebenso der geringste Funke Mut fehlt. Sie sind die elenden Menschen, die ihr Leben damit verbracht haben, Gott zu trotzen und zu lästern, die aber, wenn sie den Tod vor sich sehen, jammern und heulen und um die Fürsprache des Kaplans oder einer anderen frommen Person betteln, der sie begegnen, nicht weil sie ihre Sünden bereuen, sondern weil sie bei dem Gedanken an eine feurige Hölle, die ihnen in leuchtenden Farben vor Augen geführt wurde, fast zu Tode erschreckt sind. Für solche Menschen wie diese wäre eine Verkürzung der Wartezeit sicherlich die größte Gnade, denn die längere Zeit gibt ihnen nur die Möglichkeit, sich in einen fast wahnsinnigen Zustand zu versetzen. Nach drei Wochen sind sie oft so niedergeschlagen und hysterisch, dass sie nichts mehr richtig verstehen und ihnen nur noch eine wilde, panische Angst vor dem Schafott bleibt.

Neben den beiden Klassen von Reumütigen gibt es nur noch die Klasse, die überhaupt nicht reumütig ist. Das sind meist Männer, die seit langem mit dem Verbrechen vertraut sind und es zum Beruf ihres Lebens gemacht haben. Sie betrachten das Gesetz und seine Beamten so, wie ein Geschäftsmann einen cleveren und skrupellosen Konkurrenten betrachtet, und ein Todesurteil als eines der Geschäftsrisiken. Das Leben endet für sie nicht auf dem Schafott, sondern auf der Anklagebank, wenn das Urteil verkündet wird. Von da an versinken sie in einem Zustand mürrischer Gleichgültigkeit oder nehmen jede Beschäftigung an, die sich ihnen bietet, nur um die Zeit totzuschlagen. In einigen Fällen beginnen sie mit Bibellesen und Gebeten, weil sie denken, „das kann nicht schaden und vielleicht ein bisschen Gutes bewirken", und weil sie nichts anderes zu tun haben. Niemand kann sagen, dass solche Männer reumütig sind, denn nach ihrer Freilassung würden sie zu ihren lasterhaften Gewohnheiten zurückkehren. Sie würden wahrscheinlich keinen besseren Zustand erreichen, wenn man sie drei Monate statt drei Wochen leben ließe, denn das einzige Bedauern, das sie empfinden können, ist persönlich und rein selbstsüchtig. Es beruht auf der Angst vor der Hölle und ist keine Reue darüber, das Verbrechen begangen zu haben, sondern ein Bedauern darüber, dass das Verbrechen eine Strafe in der nächsten Welt mit sich bringt. Sträflinge dieser Klasse danken uns nicht für die drei Wochen „lebenslänglich", die ihnen gegeben werden, wenn sie keine Hoffnung auf Begnadigung haben. Wenn sie die Wahl hätten, würden sie lieber direkt vom Dock zum Schafott gehen und es sofort „hinter sich bringen".

Wenn man die Angelegenheit gründlich untersucht und dabei nicht nur auf Gefühlen, sondern auf gesundem Menschenverstand aufbaut, wird man meiner Meinung nach in jedem Fall zu dem Schluss kommen, dass die drei Wochen, die den Verurteilten gewährt werden, keinerlei Vorteile bringen. In den meisten Fällen würde sich ihre Lage durch eine Verkürzung der Haftzeit deutlich verbessern.

Eine Verkürzung des Zeitraums bringt noch weitere Vorteile. Erstens würde sich die moralische Wirkung des Todesurteils dadurch erheblich verbessern. Die unmittelbar auf die Verurteilung folgende Vergeltung ist ein anschauliches Beispiel, und je kürzer die Zeitspanne, desto offensichtlicher ist der Zusammenhang zwischen Verbrechen und Strafe. Schon nach drei Wochen geht dieser Zusammenhang oft verloren.

Zweitens würde die Änderung, die ich befürworte, die Anstiftung zu falschen Gefühlen zugunsten von Verurteilten, die zufällig eine interessante Persönlichkeit haben, weitgehend verhindern. Sie würde dem Unterschreiben von Petitionen ein Ende bereiten, das oft von Leuten begangen wird, die nichts über den Fall wissen, aber dazu gebracht werden, Sympathie für den Verurteilten und mangelndes Vertrauen in die

Gerechtigkeit unseres Prozesssystems auszudrücken. Wenn zwischen Urteil und Vollstreckung nur eine Woche vergehen würde, blieben die Fakten des Prozesses und die Einzelheiten der Beweise im öffentlichen Bewusstsein frischer und die Menschen würden weniger dazu verleitet, der Gerechtigkeit des Urteils zu misstrauen.

Für alle, die die Hinrichtungsgefangenen vor ihrer Hinrichtung betreuen, wäre eine Verkürzung der Zeit ein großer Segen, denn eine solche Betreuung ist oft eine seelenzermürbende Erfahrung. Besonders die Geistlichen, deren Erfahrungen oft äußerst unangenehm sind und deren ernsthafte Bemühungen auf so enttäuschende Ergebnisse stoßen, würden die Änderung, denke ich, begrüßen.

Schloss Norwich.

KAPITEL XI.
Hängen: Aus geschäftlicher Sicht.

ICH in <u>Kapitel II die Gründe </u>DARGELEGT , die mich dazu bewogen haben, das Amt des Henkers anzunehmen. Der Leser wird sich erinnern, dass ich damals keinen höheren Beweggrund angab als den Wunsch, durch einen ehrlichen Beruf den Lebensunterhalt für meine Familie zu verdienen. Ich schäme mich meines Berufs nicht, denn ich bin der Ansicht, dass, wenn es richtig ist, Menschen hinzurichten (und ich glaube, dass es in Mordfällen richtig ist), es richtig ist, dass das Amt des Henkers als respektabel angesehen wird. Daher betrachte ich das Hängen aus geschäftlicher Sicht.

Als ich die Arbeit aufnahm, hatte ich die Angewohnheit, mich immer dann an den Sheriff der Grafschaft zu wenden, wenn ein Mörder zum Tode verurteilt wurde. Ich halte es nicht mehr für notwendig, mich in England um Arbeit zu bewerben, da ich inzwischen gut bekannt bin, aber ich verschicke immer noch eine einfache Adresskarte, wie oben beschrieben, wenn eine Hinrichtung in Irland angekündigt wird.

Früher habe ich meinen Antrag auf einem normalen, gedruckten Formular gestellt, das die Bedingungen enthielt und keinen Raum für Fehler oder Missverständnisse ließ. Auf der gegenüberliegenden Seite finden Sie eine verkleinerte Wiedergabe dieses Formulars. Ich verwende dieses Rundschreiben noch immer, wenn ein Sheriff, von dem ich vorher noch keinen Auftrag erhalten habe, mir schriftlich Bedingungen schreibt. Die Reisekosten umfassen die Bahnfahrt zweiter Klasse von Bradford zum Hinrichtungsort und zurück sowie die Taxifahrt vom Bahnhof zum Gefängnis. Wenn ich nicht im Gefängnis untergebracht bin, werden auch Hotelkosten übernommen. In der Regel werden die Kosten nicht genau berechnet, aber die Sheriffs beschließen einen Pauschalbetrag, von dem sie meinen, dass er sie abdeckt; und wenn die Hinrichtung zufriedenstellend verlaufen ist, ist der bewilligte Betrag im Allgemeinen mehr als ausreichend, um meine Ausgaben zu decken.

Im Durchschnitt finden jährlich etwa zwanzig Hinrichtungen statt, so dass der Leser ziemlich genau errechnen kann, wie hoch meine Vergütung für eine Arbeit ist, die viel Hass in der Bevölkerung mit sich bringt, die in vielerlei

Hinsicht unangenehm ist und die, wie ich selbst erlebt habe, mit ernsthafter Gefahr einhergehen kann, die zu dauerhaften körperlichen Schäden führt. Man wird sehen, dass die Nettoprovision unter Berücksichtigung aller Umstände des Amtes keineswegs eine exorbitante Jahressumme ist und dass sie nicht an den Betrag heranreicht, den ich nach Aussage einiger Leute verdienen konnte.

Natürlich sind meine Einkünfte völlig unsicher, da sie ganz von der Zahl der Hinrichtungen abhängen, und diese Regelung, wonach mein Lebensunterhalt von der Zahl der zum Tode verurteilten armen Kerle abhängt, ist für mich der abstoßendste Aspekt meiner Arbeit. Es erscheint mir schrecklich, dass ich Zeitungsberichte lesen muss, in der Hoffnung, dass ein Mitmensch zum Tode verurteilt wird, wenn ich sicher sein will, dass „das Geschäft nicht einbricht"; und dass ich jene Zeiten, in denen es in den Annalen der Kriminalität eine Flaute zu geben scheint und man vernünftigerweise hoffen kann, dass im Land eine Besserung der Dinge anbricht, als schlimme Tage und harte Zeiten betrachten muss.

Diese Überlegungen und der eher egoistische, aber dennoch vollkommen natürliche Wunsch, mir meines Einkommens und meiner Fähigkeit, meinen Kindern einen fairen Start ins Leben zu ermöglichen, sicher zu sein, haben mich dazu veranlasst, den Vorschlag, das Amt des Henkers durch die Regierung zu besetzen, mit einem festen Gehalt statt einer unsicheren Provision, nachdrücklich zu befürworten. Als der Ausschuss des Oberhauses zur Todesstrafe Anfang 1887 tagte, drückte ich meine Ansichten zu dieser Angelegenheit in einem Brief an den Vorsitzenden des Ausschusses, Lord Aberdare, aus. Ich bin nicht ohne Hoffnung, dass in Kürze eine Änderung der Regelungen zur Regulierung des Amtes des Henkers vorgenommen wird, und die Grundsätze, nach denen dies meiner Meinung nach am vernünftigsten und zufriedenstellendsten erfolgen könnte, sind in dem Brief an Lord Aberdare dargelegt, den ich anhänge.

1, Bilton Place,
City Road, Bradford.
Februar 1887.

Mein Herr,

Ich stehe seit einiger Zeit in Korrespondenz mit Herrn Howard Vincent, Abgeordneter für Sheffield, bezüglich einer Änderung der Vergütung meiner Dienste bei der Umsetzung des Strafmaßes für wegen Kapitalverbrechen verurteilte Kriminelle. Herr Howard Vincent hat vorgeschlagen, dass ich mich durch Ihre Lordschaft als deren Vorsitzenden an das Ehrenwerte Komitee für Todesstrafe wenden solle.

Ich möchte Eure Lordschaft und Ihr ehrenwertes Komitee daher respektvoll darauf hinweisen, dass die derzeitige Zahlungsweise für meine Dienste unbefriedigend und unerwünscht ist und dass eine Änderung erforderlich ist.

Wie Euer Lordschaft zweifellos bekannt ist, erhalte ich nach den bestehenden Vereinbarungen für jede von mir durchgeführte Hinrichtung einen Betrag von 10 £ zuzüglich Reise- und sonstiger Nebenkosten. Im Durchschnitt finden jährlich etwa 25 Hinrichtungen statt. Ich möchte respektvoll vorschlagen, dass ich statt dieser Provisionszahlung ein festes Gehalt von 350 £ pro Jahr von der Regierung erhalte. Ich darf sagen, dass ich seit Annahme der Ernennung in keinem Jahr weniger als 270 £ erhalten habe. Mir ist bekannt, dass bei der Festlegung eines festen Gehalts oder einer Entschädigung anstelle einer Provisionszahlung der durchschnittliche Jahresbetrag als Berechnungsgrundlage dient.

Euer Lordschaft wird klar sein, dass ein Angebot mit einem *geringeren* Betrag als dem früheren Durchschnitt nicht vorteilhaft genug wäre, um mich dazu zu bewegen, das alte System gegen das neue auszutauschen. Mit Euer Lordschafts Erlaubnis darf ich außerdem auf die besondere soziale Stellung hinweisen, in die ich mich aufgrund der Ausübung des oben genannten Amtes befinde. Ich bin weitgehend allein auf der Welt, da mit einem solchen Amt eine gewisse soziale Ächtung einhergeht, die sich nicht nur auf mich, sondern auch auf meine Familienmitglieder erstreckt. Es ist daher äußerst wünschenswert, dass meine Kinder um ihrer selbst willen auf eine Schule außerhalb dieser Stadt geschickt werden. Dies würde natürlich erhebliche Ausgaben nach sich ziehen, die nur dann anfallen würden, wenn ich mich auf eine feste Einkommensquelle verlassen könnte, die weniger Schwankungen unterliegt als die derzeitige Vergütung allein durch Provisionen. Aus offensichtlichen Gründen kann ich auch keine andere Anstellung finden. Meine Stelle als Flohmarktverkäufer, die ich vor der Annahme des Amtes als Scharfrichter innehatte, musste allein aus diesem Grund aufgegeben werden, da mein Arbeitgeber keinen Vorwurf an mir hatte, dies jedoch als einzigen Grund für den Verzicht auf meine Dienste angab.

Mein ehemaliger Arbeitgeber wird mir ein gutes Zeugnis hinsichtlich meines Charakters als General ausstellen und die Gefängnisdirektoren, in denen ich Hinrichtungen durchgeführt habe, werden gerne zu meiner Beständigkeit und auch zu meiner Fähigkeit und meinem Geschick bei der Erfüllung der mir übertragenen Aufgaben Stellung nehmen.

Abschließend bin ich bereit, zu den oben genannten Punkten Beweise vorzulegen und anzufordern (sofern Eure Lordschaft und Ihr ehrenwerter Ausschuss dies für angebracht halten), sobald ich eine entsprechende Benachrichtigung erhalte.

Unter diesen Umständen vertraue ich darauf, dass Ihre Lordschaft einen Weg sieht, in den Bericht Ihres ehrenwerten Ausschusses eine Empfehlung aufzunehmen, wonach mir für meine als Scharfrichter geleisteten Dienste ein fester Jahresbetrag von 350 £ gezahlt werden soll.

, Euer Lordschafts ergebener Diener zu sein ,

^ "James Berry".

An den sehr ehrenwerten Lord Aberdare.
Präsident des
Komitees für Todesstrafe,
Whitehall, London, SW

PS: Wenn Ihr ehrenwertes Komitee eine Alternative zu dem vorstehenden Vorschlag hat, würde ich respektvoll vorschlagen, dass ich dauerhaft vom Innenministerium für einen symbolischen Betrag von 100 £ pro Jahr angestellt werde, exklusive der Gebühren, die mir derzeit von Sheriffs verschiedener Grafschaften gezahlt werden, und der üblichen Ausgaben.

In Verbindung mit diesem Thema möchte ich darauf hinweisen, dass ich mit meiner Forderung, das Amt des Henkers zu einer anerkannten und dauerhaften Stelle zu machen, nichts Neues vorschlage, sondern lediglich eine Rückkehr zu den Bedingungen, die vor nicht viel mehr als fünfzehn Jahren galten. Bis 1874 war der Henker ein dauerhaft festangestellter und anerkannter Beamter. Mr. Calcraft, der letzte, der diese Position innehatte, wurde von den Sheriffs der City of London mit einem Honorar von £1 1s. 0d. pro Woche angestellt und hatte außerdem ein Honorar vom Horsemonger Lane Gaol. Zusätzlich zu seinem Honorar hatte er verschiedene Vergünstigungen, sodass diese beiden Anstellungen allein für seinen angemessenen Lebensunterhalt ausreichten, und er führte auch Hinrichtungen im ganzen Land durch, für die er ungefähr so viel bezahlt wurde wie ich heute, aber in allen Fällen mit Vergünstigungen. 1874 ging er in den Ruhestand, und die City of London gewährte ihm eine lebenslange Rente von 25 Schilling pro Woche.

Mr. Calcrafts Nachfolger wurde Mr. Wm. Marwood, der keinen offiziellen Status hatte. Er erhielt von den Sheriffs der City of London eine jährliche Gebühr von 20 Pfund, war aber darüber hinaus auf die Gebühren für einzelne Hinrichtungen und Begnadigungen angewiesen. Zu seiner Zeit gab es auch beträchtliche Vergünstigungen, zum Beispiel gingen die Kleidung und der persönliche Besitz des Verbrechers zum Zeitpunkt seiner Hinrichtung in den Besitz des Henkers über. Diese Reliquien wurden oft zu wirklich phantastischen Preisen verkauft und machten einen nicht unbedeutenden Posten in den Jahreseinnahmen aus. Aber der Verkauf und die Ausstellung solcher Kuriositäten waren nur ein Affront gegen den morbiden Geschmack einiger Teile der Öffentlichkeit, und die Regierung ordnete an – aus öffentlicher Sicht sehr richtig, aber sehr unglücklich für den Henker –, dass der persönliche Besitz der Verbrecher verbrannt werden sollte.

In vielen anderen Ländern ist der Posten des Scharfrichters unbefristet. In einigen Fällen ist er sogar vererbt, wie in Frankreich, wo er lange Zeit in der Familie Deibler verblieb und vom Vater auf den Sohn überging.

Selbst auf britischem Gebiet ist die Stellung eines ständigen offiziellen Henkers gegenwärtig nicht ganz unbekannt, denn in Malta handelt es sich bei diesem Posten um eine feste Anstellung, die mit einem Gehalt von 30 £ verbunden ist.

In England ist der Sheriff der Beamte, der mit der Durchführung der Hinrichtungen beauftragt wird. Er darf zwar einen Stellvertreter einstellen, wenn er einen findet, aber wenn kein Stellvertreter gefunden werden kann, muss er die Hinrichtung selbst durchführen. In bestimmten Fällen war es in der Vergangenheit sehr schwierig, jemanden zu finden, der diese unangenehme Aufgabe übernehmen würde, aber ich erinnere mich an keinen dokumentierten Fall, in dem der Sheriff absolut nicht in der Lage war, einen Henker zu engagieren.

KAPITEL XII.
Die Presse und die Öffentlichkeit.

ICH MIT „Meine Kritiker" überschreiben, denn Presse und Öffentlichkeit kritisieren mein Tun ständig. Die Kritik ist im Allgemeinen freundlich, obwohl sie oft auf unvollständiger Kenntnis der Fakten beruht. Von den Presseleuten muss ich sagen, dass sie normalerweise sehr freundlich gesinnt zu sein scheinen, und viele von ihnen geben sich große Mühe, mir ein paar Aussagen zu entlocken, die sie zu einem „Interview" ausarbeiten können. Normalerweise mag ich diese Interviews nicht, denn ich weiß, dass meine Arbeitgeber es sehr ablehnen, wenn in die Berichte über Hinrichtungen mehr Sensationsjournalismus als unbedingt nötig einfließen soll. Leider ist bei vielen Zeitungen Sensationsjournalismus das einzig Notwendige, und wenn ich auf einen wirklich energischen Reporter treffe, der für eine solche Zeitung arbeitet, ist meine Lage sehr schwierig. Wenn ich auf seine Fragen wenig oder gar nichts antworte, spinnt er vielleicht eine furchtbare und wunderbare Geschichte aus seinem eigenen Kopf und aus dem Klatsch und den Gerüchten, die ständig im Umlauf zu sein scheinen und, wie ich mir vorstelle, von bedürftigen Kleinkriminellen in die Welt gesetzt wurden. Wenn ich mich andererseits dem Interview unterwerfe, weil das die beste Möglichkeit ist, es in Grenzen zu halten, werden die „Farbtupfer", die der Interviewer im Allgemeinen für notwendig hält, mir ziemlich sicher Ärger und Missverständnisse einbringen.

In mehreren Fällen wurden Aussagen veröffentlicht, die dazu geeignet waren, mir beruflich ernsthaft zu schaden. Und obwohl ich davon ausgehe, dass sie ohne böse Absicht eingefügt wurden, war ich gezwungen, meine Anwälte damit zu beauftragen, ihnen zu widersprechen.

Der Vorfall, der mich vielleicht mehr als alle anderen ärgerte, war der Bericht über ein angebliches Interview im *Essex County Chronicle* . Es soll von „einem gelegentlichen Mitarbeiter" stammen. Der fragliche Interviewer sprach mich in dem Hotel an, in dem der Sheriff die Hinrichtungsgebühren bezahlt. Er betrat das Zimmer, unmittelbar nachdem ich bezahlt worden war und gerade als der Sheriff losfuhr. Er stellte mir zwei oder drei Fragen zu privaten Angelegenheiten, die ich wahrheitsgemäß und direkt beantwortete, obwohl mich der Mann und sein Benehmen etwas ärgerten. Das „Interview", das stattfand, schockierte mich ziemlich. Einige der Aussagen waren völlig falsch, aber was mich am meisten beunruhigte, war der folgende Absatz, der völlig im Widerspruch zu den tatsächlichen Tatsachen und den Aussagen stand, die ich gemacht hatte:

„Und was halten deine Freunde von dem Beruf, den du ergriffen hast?", fragte ich.

„Es hat meine Mutter und meinen Bruder getötet", antwortete er traurig. „Als Marwood starb, wurde ich an seine Stelle berufen, und als meine Mutter davon erfuhr, wurde sie sofort krank. Der Anwalt meines Vaters schrieb daraufhin an das Innenministerium und informierte die Behörden darüber. Das Ergebnis war, dass ich die Stelle aufgab und Binns die Stelle bekam. Meine Mutter starb jedoch bald darauf, und als ich sah, wie Binns sich verhielt, kam ich zu dem Schluss, dass er den Posten nicht lange behalten würde, und ich schrieb erneut an das Innenministerium, dass meine Mutter gestorben sei und dass mir nichts mehr im Wege stünde, ihnen entgegenzukommen, falls meine Hilfe benötigt würde. Bald darauf wurde ich beauftragt, zwei Männer in Edinburgh zu hängen, und ich habe seitdem fast alle Hinrichtungen durchgeführt. Mein Bruder hatte ein Mädchen mit viel Geld geheiratet, und sein Stolz war durch meine Ernennung ein Schlag. Das war die Ursache seines Todes. Er war ein Liberaler und für die Abschaffung der Todesstrafe, aber ich bin durch und durch ein Konservativer. Insgesamt habe ich in den letzten drei Jahren meine Mutter, zwei Brüder und zwei Tanten begraben."

Dies war ein falscher und grausamer Absatz, denn die tatsächlichen Fakten zum Tod meiner Verwandten sind wie folgt: 1. Meine Tanten starben, bevor ich das Amt antrat oder daran dachte. 2. Meine Mutter starb an Leberkrebs, an dem sie schon lange litt, bevor ich mich um die Stelle bewarb. Sie starb zwischen meiner ersten und meiner zweiten Bewerbung, als ich für die Doppelhinrichtung in Edinburgh bestimmt wurde. 3. Mein Bruder starb an leichtem Fieber, nachdem ich etwa vier Jahre lang das Amt des Henkers innegehabt hatte.

Ich möchte nicht leugnen, dass meine Entscheidung, Henker zu werden, für meine Familie eine Enttäuschung und ein Ärgernis war; aber zu behaupten, dass dies den Tod eines von ihnen verursacht oder beschleunigt hätte, ist eine Lüge. Wenn ich geglaubt hätte, dass es wirklich solch verheerende Auswirkungen gehabt hätte, dann hoffe ich, dass ich kein so gefühlloser und abgebrühter Kerl bin, die Angelegenheit zum Gesprächsthema mit einem Fremden zu machen.

Man hätte fast meinen können, dass Aussagen wie die oben zitierte offensichtlich widerlegt seien und es nicht nötig sei, ihnen zu widersprechen. Doch die *Daily News griff die Angelegenheit ernsthaft auf und machte sie zum Thema eines Leitartikels. Auch andere Zeitungen im ganzen Land zitierten aus der Daily News* oder kommentierten die Angelegenheit in ihren eigenen Artikeln .

Natürlich übergab ich die Angelegenheit meinen Anwälten, die Schritte unternahmen, um die ursprüngliche Verleumdung zu stoppen, aber natürlich waren sie nicht in der Lage, ihre Verbreitung im ganzen Land zu stoppen.

Eine andere Angelegenheit, die mir damals viel Ärger bereitete, ereignete sich in Hereford, und zwar aufgrund der Gier eines Mitarbeiters der *Hereford Times* *nach interessanten und sensationellen „Kopien"* . Er brachte eine Sensationsgeschichte auf die Beine, in der es hieß, ich hätte mich nach der Hinrichtung von Hill und Williams in ein benachbartes Hotel zurückgezogen, wo ein Raucherkonzert stattfand, und dort eine grausige Feier abgehalten. Das Schlimmste an diesem Bericht war, dass er auf einer gewissen Tatsachengrundlage basierte und dass eine bloße Färbung des Berichts eine vernünftige und vollkommen harmlose Unterhaltung als etwas Schändliches erscheinen ließ.

Tatsächlich war ich nach der Hinrichtung in Begleitung von Alderman Barnet, dem Bürgermeister von Worcester, und einem Kriminalbeamten, die beide persönliche Freunde von mir waren. Zusammen mit Alderman Barnet war ich zu einem geselligen Abend eingeladen, den einige seiner Freunde veranstalteten. Es war eine vollkommen private Party, die in jeder Hinsicht anständig abgehalten wurde. Als der Vertreter der *Times* erschien, wie ihn die anwesenden Herren nannten, wurde er eingeladen, sich uns anzuschließen, einfach als Freund. Der Bericht über die Party war damals ein viel diskutiertes Thema, und Sir Edwin Lechmere, Abgeordneter für Hereford, machte ihn zum Thema einer Frage im Unterhaus.

Von Zeit zu Zeit wurden in der Presse sehr viele falsche und übertriebene Aussagen zu fast jedem Detail meiner Arbeit gemacht, und ich nehme an, dass dies so bleiben wird, solange das Publikum eine Vorliebe für das Wunderbare hat und solange Presseleute ein trügerisches Gedächtnis oder eine lebhafte Vorstellungskraft haben. Mein enormes Einkommen ist eines der Themen, bei denen die Zeitungen am häufigsten in die Irre gehen, und es wurde oft behauptet, dass mein Verdienst tausend Dollar im Jahr beträgt. Ich wünschte nur, es wäre so, wenn ich es durch eine Erhöhung der Gage und nicht durch eine Erhöhung der Zahl der Hinrichtungen verdienen könnte, aber der Leser findet an anderer Stelle korrekte Angaben darüber, wie hoch mein Einkommen tatsächlich ist. Ich hege nie Groll gegen meine Freunde von der Presse wegen dieser kleinen Tatsachenverdrehungen, denn ich weiß, dass sie nichts Böses im Schilde führen, und im Großen und Ganzen haben sie mich immer sehr gut behandelt.

Was die Öffentlichkeit betrifft, so ist ihre Neugier, mich zu sehen, viel größer als mein Wunsch, sie zu befriedigen. Ich möchte nicht von einer Menschenmenge verfolgt und angestarrt werden, als wäre ich eine Monstrosität, und in vielen Fällen musste ich mir einige Mühe geben, sie aufzuhalten. Dies kann ich bis zu einem gewissen Grad erreichen, indem ich mit anderen Zügen fahre als mit dem, mit dem ich erwartet werde. In einigen Fällen, in denen es zwei oder drei Eisenbahnen in eine Stadt gibt, von denen eine die direkte Linie von Bradford ist, nehme ich die direkte Linie zu einem örtlichen Bahnhof und steige dort in einen Zug einer anderen Linie oder in einen Zug um, der auf einer örtlichen Nebenstrecke fährt, und komme so unbemerkt an. In Newcastle wartete nach der Hinrichtung von Judge eine große und begeisterte Menschenmenge darauf, mich und meinen Assistenten abfahren zu sehen. Es gab ein oder zwei Männer in der Menge, die mich vom Sehen kannten, und sie wussten, mit welchem Zug wir fahren sollten, also stürmten sie den Bahnhof, und trotz der Bemühungen der Bahnbeamten und der Polizei, den Platz frei zu halten, brachen sie mit einem Jubelgeheul durch die Absperrungen und füllten den Bahnsteig. Der Plan, ihnen zu entgehen, war sehr einfach. Wir gingen zu Fuß über den Fluss nach Gateshead und buchten von dort aus eine Bahn nach Newcastle. Als wir mit dem Zug ankamen, inmitten der Leute, die uns suchten, erregten wir überhaupt keine Aufmerksamkeit, denn die Leute, die mich kannten, standen in der Nähe der Eingangstore und erwarteten, dass wir auf dem üblichen Weg in den Bahnhof kamen. Da wir unsere Fahrkarten für Bradford dabei hatten, überquerten wir einfach den Bahnsteig zu unserem eigenen Zug und fuhren zu gegebener Zeit Richtung Süden, wobei die enttäuschte Menge den festen Eindruck hatte, wir hätten den Bahnhof nicht betreten.

Als ich das erste Mal nach Swansea kam, wartete dort eine große Menschenmenge auf mich, aber sie waren enttäuscht, denn ich hatte eine kleine Vereinbarung getroffen, die ihre Pläne völlig durcheinanderbrachte. Es geschah, dass ich von Shrewsbury nach Swansea mit einem Herrn reiste, der in der letztgenannten Stadt wohlbekannt ist. Im Zug kamen wir ins Gespräch, und ich erfuhr, dass sein Wagen ihn am Bahnhof abholen sollte. Ich fragte ihn daher, ob er mir ein gutes Hotel empfehlen könne, und war erfreut, als er sagte, er würde mich dorthin fahren, was genau das war, was ich wollte. Er wusste nicht, wer ich war, und die kleine Menge, die zusah, hätte sich nie vorstellen können, dass der Henker in der Kutsche ihres Stadtbewohners mitfahren würde. Natürlich wollte ich nicht im Hotel übernachten, weil ich im Gefängnis untergebracht werden sollte, aber ich dankte meinem Freund für die Mitfahrgelegenheit, ging ins Hotel, um ein Glas Bier zu trinken, während er wegfuhr, und ging dann zum Gefängnis, ohne dass jemand meinen Auftrag ahnte.

Wann immer ich in England mit Menschenmengen in Kontakt kam, war ihre Haltung freundlich. In Irland verhält es sich bei solchen Menschenansammlungen normalerweise umgekehrt. Wenn es in England zu irgendeiner Art von Demonstration kommt, dann ist es Jubel; in Irland ist es Geschrei und Stöhnen. Aber in England begegne ich selten einer persönlichen Demonstration. Die Menschenmengen, die sich vor den Gefängnissen versammeln, wenn Hinrichtungen stattfinden, sind interessante Studien. Sie begrüßen das Hissen der schwarzen Flagge mit einem Jubelschrei oder Stöhnen, das ihre Meinung über den Sachverhalt zum

Ausdruck bringt. Es ist merkwürdig zu beobachten, wie die Sympathien dieses Teils der Öffentlichkeit oft ohne ersichtlichen Grund in die eine oder andere Richtung tendieren. Dieser Gedanke kam mir sehr deutlich bei den Hinrichtungen von Israel Lipski und William Hunter, die innerhalb weniger Monate nacheinander gehängt wurden.

Israel Lipski.

Bei Lipskis Hinrichtung war die Menschenmenge so groß wie nie zuvor, viele Leute blieben stundenlang herumhängen. Die Aufregung war groß, aber es gab kein Mitleid mit dem Gefangenen. Es waren viele Juden in der Menge, und wo immer man sie bemerkte, wurden sie geschubst und herumgetreten und auf jede erdenkliche Weise beleidigt; denn der Hass, den der Pöbel zeigte, erstreckte sich von Lipski auf seine Rasse. Als die schwarze Fahne gehisst wurde, wurde sie mit drei schallenden Hurrarufen empfangen. Insgesamt zeigte die Menge die größte Verachtung für den Mörder. Und doch war sein Verbrechen nicht schlimmer als die meisten Morde, und es gab viele Dinge, die damit und mit den Umständen des Lebens des elenden Mannes, sowohl davor als auch danach, zusammenhingen, von denen ich erwartet hätte, dass sie ein wenig Mitleid erregen würden; jedenfalls unter Leuten in einer ähnlichen Lebenslage.

Hunters Hinrichtung war die übernächste nach Lipskis, und sein Verbrechen schien mir immer das herzloseste zu sein, von dem ich je gehört habe. Hunter war von Beruf Streikarbeiter in einer Gießerei, aber ein Landstreicher aus freien Stücken. Er verließ seine Frau und zwei Kinder und ging auf

Wanderschaft, wobei er schließlich eine Art Partnerschaft mit einer Schottin einging, die sechs uneheliche Kinder hatte. Eines dieser Kinder, ein kleines Mädchen zwischen drei und vier Jahren, ging mit ihnen auf Wanderschaft, und natürlich war das arme kleine Ding völlig ungeeignet für die Belastung und die vielen Meilen Fußmärsche, die sie täglich zurücklegen mussten. Hunter und die Frau waren beide grausam zu dem Kind und trieben ihre Grausamkeit so weit, dass sie zumindest einmal wegen ihres Verhaltens Vorwürfe bekamen und schließlich aus einer gewöhnlichen Herberge vertrieben wurden . Schließlich, eines Tages nach einer langen Wanderung, begann das kleine Ding vor Müdigkeit zu weinen, und Hunter schlug es mit einer Rute, um es vom Weinen abzuhalten. Später verprügelte er sie aus demselben Grund mit einem Stock, den er auf der Straße aufgelesen hatte. Noch später am Tag setzte er seine Misshandlungen fort, bis er das arme kleine Geschöpf totgeschlagen hatte. Um dem Mann – oder Tier – gerecht zu werden, muss gesagt werden, dass er, als er feststellte, dass das Kind bewusstlos war (es war wirklich tot), Wasser holte, um seinen armen, zerschmetterten Kopf zu baden; und als er feststellte, dass es tot war, schnitt er sich die Kehle durch und hätte sich beinahe umgebracht – aber diese Erwägungen scheinen nur eine sehr geringe Milderung der brutalen Brutalität seines Verhaltens zu sein. Man hätte meinen können, dass der Mann, der ein hilfloses Kind so herzlos zu Tode gefoltert hatte, von allen Menschen verabscheut worden wäre; doch die Menge, die sich bei Hunters Hinrichtung versammelte, hatte eine ziemlich festliche Stimmung. Es waren etwa 1500 Menschen da, von denen die meisten lachten und scherzten. Als die Flagge gehisst wurde, gab es keine Demonstration, vielleicht sind die Leute in Carlisle nicht demonstrativ. Wie dem auch sei, das gegensätzliche Verhalten der Menschenmengen bei den beiden Hinrichtungen hat mich tief beeindruckt. Und obwohl es traurig ist, dass Menschen sich über den Tod eines Mitmenschen freuen, glaube ich, dass der Jubel bei Hunters Tod, mit dem auch Lipskis Tod begrüßt wurde, natürlicher und englischer gewesen wäre als bloßes Scherzen und Gelächter.

KAPITEL XIII.
Vorfälle und Anekdoten.

WIE IMMER der Fall ist, wenn ein Mann zu Berühmtheit oder Bekanntheit gelangt, sind eine Anzahl völlig haltloser Geschichten über meine Taten und Abenteuer in Umlauf gekommen. Andere, die ursprünglich auf Tatsachen beruhten, wurden so modifiziert und verändert, dass ich sie nicht mehr Ich erkenne sie wieder, wenn sie mir wieder einfallen. Insgesamt bin ich der Held so vieler überraschender Abenteuer gewesen, dass ich befürchte, die wenigen kleinen Vorfälle, die mir wirklich passiert sind, werden mir im Vergleich zu den Fiktionen harmlos vorkommen.

Einer der bemerkenswertesten Vorfälle, die mir je passiert sind, ereignete sich auf der Reise von Lincoln nach Durham im Jahr 1884, nachdem Mary Lefley hingerichtet worden war. In Doncaster stiegen wir von der Great Eastern auf die Great Northern Railway um. Ich hielt nach einem Waggon mit einem freien Ecksitz Ausschau und stieg in einen, in dem drei grob aussehende Männer saßen. Als der Zug losfuhr, begannen sie miteinander zu reden, mich anzuschauen und schließlich begannen sie, mich zu necken. Natürlich tat ich so, als verstünde ich ihre Anspielungen auf die Hinrichtung an diesem Morgen nicht und war empört, weil sie mich für einen Henker hielten, aber sie waren überzeugt, dass sie recht hatten, und begannen, untereinander zu wetten, wen von ihnen ich zuerst erwischen würde. Ich war froh, nach York zu kommen, wo ich mich von ihnen verabschiedete. Zwei Jahre später traf ich dieselben drei Männer unter ganz anderen Umständen wieder. Sie waren in Carlisle, zur Hinrichtung verurteilt wegen des Einbruchs in Netherby Hall, und ich vollstreckte das Urteil des Gerichts. Ihre Namen waren Rudge, Martin und Baker.

Ich versuche immer, auf Reisen unbekannt zu bleiben, aber es gibt eine bestimmte Klasse von Leuten, die sich immer um uns drängen, als wäre ein Henker ein Peepshow-Theater. Auf der oben erwähnten Reise stieg ich nach dem Umsteigen in York in einen Wagen mit einem wohlwollend aussehenden alten Herrn. Eine kleine Menschenmenge versammelte sich um die Tür, und gerade als wir losfuhren, steckte ein Gepäckträger seinen Kopf durch das Fenster, zeigte auf meinen Mitreisenden und sagte in einem albernen Versuch, scherzhaft zu sein: „Ich hoffe, Sie geben ihm den richtigen Straffer." Der alte Herr schien völlig verwirrt, und natürlich konnte ich mir nicht vorstellen, was das bedeutete. In Darlington versammelte sich eine weitere kleine Menschenmenge für kurze Zeit um unseren Wagen. Glücklicherweise kannte mich keiner der Leute, so dass sie dem alten Herrn, als er sie fragte, was los sei, nur sagen konnten, dass Berry mit diesem Zug reiste und dass sie ihn sehen wollten. Der alte Herr schien darauf erpicht zu sein, einen so schrecklichen Mann wie den Henker zu sehen, und fragte mich, ob ich ihn erkennen würde, wenn ich ihn sähe. Ich zeigte auf einen schüchtern aussehenden Mann, der möglicherweise der Mann war, und mein Mitreisender sagte: „Ja! Er sieht ihm sehr ähnlich." Ich nehme an, er hatte ein sogenanntes Porträt von mir in einer Zeitung gesehen. Wir freundeten uns an, und als wir Durham erreichten, wo ich ausstieg, fragte er nach meiner Karte. Der Leser kann sich seine Überraschung vorstellen, als ich sie ihm gab.

Diese kleine Geschichte wurde stark verdreht und aufgebauscht und war sogar Gegenstand eines Leitartikels, in dem mir vorgeworfen wird, dass ich „meinen grausamen Beruf übe" und anständige Leute schockiere, indem ich ihnen meine Visitenkarten gebe.

Eine weitere kleine Anekdote, die stark verzerrt wurde, ist die, die ich die Zahnschmerzgeschichte nenne. Als wir 1887 von Irland aus überquerten, war einer der Passagiere schrecklich krank, er litt an Mal de Mer und gleichzeitig an Zahnschmerzen. Er war für mehrere Reisende, die nicht krank waren und die Reise genießen wollten, ziemlich lästig und muss den Stewards viel Ärger bereitet haben. Ich glaube, einer der letzteren muss ihm gesagt haben, dass ich ihn heilen könnte, denn er kam und bat mich, ihm zu sagen, was das Beste für seine Beschwerden sei. Ich gab zu, dass ich die Angewohnheit hatte, Tropfen zu geben, die sowohl die Zahnschmerzen als auch die Seekrankheit sofort heilten, versicherte ihm aber, dass er mein Heilmittel nicht annehmen würde. Er ließ nicht locker, also gab ich ihm eine Karte, und da er ein sensibler Mensch war, versetzte sie seinen Nerven einen Schock, der völlig ausreichte, um ihn von den Zahnschmerzen und mich für den Rest der Reise von seiner Anwesenheit zu befreien. Da die Karte, die ich damals verwendete, oft in den Zeitungen erwähnt wurde, gebe ich hier ein Faksimile davon wieder. Der Text war in Schwarz, der Farn in Grün und der Rand in Gold. Ich verwende jetzt eine vollkommen schlichte Karte, wie sie auf Seite 117 abgebildet ist.

Ein trauriger kleiner Vorfall im Zusammenhang mit der Ermordung von Warder Webb durch John Jackson wird mir immer in Erinnerung bleiben. Ich war zuvor ein- oder zweimal im Dienst im Strangeways Gaol gewesen, und Webb war während meines Aufenthalts immer mein persönlicher Diener gewesen, sodass wir ziemlich freundschaftlich miteinander umgingen. Bei der Hinrichtung vor Jacksons Hinrichtung – der von John Alfred Gell im Mai 1888 – unterhielten wir uns zwei oder drei Mal lange, und Webb war sehr daran interessiert, dass ich nach Manchester ginge, um einen halben oder ganzen Tag mit ihm in der Stadt zu verbringen, wenn er Urlaub bekommen könnte. Er hoffte, es würde lange dauern, bis sie mich beruflich wiedersehen würden, sagte aber, dass sie sich immer freuen würden, mich zu sehen, wenn ich aus anderen Gründen in Manchester wäre und vorbeikommen könnte. Als er dann das Thema Hinrichtungen ansprach, begann er sich zu fragen, wer der Nächste sein würde, für den ich dorthin gehen müsste, und wer das Opfer sein würde, und sagte traurig kopfschüttelnd: „Man weiß nie, wer als nächstes dran ist." Der arme Kerl hatte keine Ahnung, dass er das nächste Opfer sein würde und dass mein nächster Besuch bei Strangeways kein freundlicher Besuch sein würde, sondern ein Besuch, um seinen eigenen Tod zu rächen.

Natürlich bin ich aufgrund meiner Pflichten viel im Land unterwegs und habe im Laufe meiner Reisen viele interessante Leute kennengelernt. Normalerweise mache ich mich nicht zu erkennen, es sei denn, ich habe einen guten Grund dafür, denn ich habe keine Lust, mich billig zur Schau zu stellen. Einmal reiste ich mit dem Reporter einer der Coventryer Zeitungen von Coventry nach Warwick. Er wusste nichts über meine Identität und scheint mich bei der Hinrichtung nicht erkannt zu haben; aber als er seinen Bericht schrieb, schien ihm die Verbindung zwischen dem Herrn im Zug und dem Henker im Gefängnis klar geworden zu sein, und er schrieb Folgendes, was mich sehr amüsierte, als es in seiner Zeitung erschien:

Nachdem er diesen Bericht geschrieben und die Gesichtszüge und die Kleidung des Henkers beschrieben hatte, wurde dem Verfasser zum ersten Mal klar, dass es sich bei der Beschreibung um die eines Herrn handelte, mit dem er am vorherigen Nachmittag von Coventry nach Warwick gereist war. Als er über alle Umstände der Reise nachdachte, war er sich dessen ganz sicher; und obwohl er sich über den Gedanken amüsierte, mit einem Henker gereist zu sein und sich mit ihm unterhalten zu haben, ohne es zu wissen, war er ein wenig betrübt, dass er dem Gespräch keine „professionelle" Wendung gegeben hatte, was er getan hätte, wenn er gewusst hätte, wer sein Mitreisender war. Der Vorfall zeigt deutlich, dass Personen, die mit der Bahn reisen, gelegentlich in merkwürdige Gesellschaft geraten, ohne die geringste Kenntnis davon zu haben.

Als ich 1887 nach Dorchester musste, um Henry William Young für den Mord an Poole zu hängen, blieb ich in Bournemouth und nahm mir ein Zimmer in einem Temperance Hotel. Während des Abends kam ich mit der Wirtin ins Gespräch, die sich sehr für das Thema Hinrichtungen interessierte und die offenbar gern darüber sprach. Sie war entschieden „gegen" Berry, „den Henker", eingestellt und äußerte sich sehr freimütig zu seinem Charakter und seiner Gesinnung; neben anderen netten Dingen sagte sie, er sei ein Mann ohne Seele und nicht geeignet, mit anständigen Leuten zu verkehren. Natürlich stimmte ich lächelnd allem zu, was sie zu sagen hatte, und kicherte leise in mich hinein über eine kleine Überraschung, die ich für sie auf Lager hatte. Die Überraschung kam zur Schlafenszeit, als sie mir meine Schlafzimmerkerze reichte und ich ihr im Gegenzug meine Karte gab. Die gute Dame fiel beinahe in Ohnmacht.

Ich habe nicht oft Angst, denn ich kann ziemlich gut auf mich selbst aufpassen, aber einmal hatte ich ein kleines Abenteuer im Zug auf der Fahrt von Galway nach Dublin, das mir ein oder zwei kalte Schauer bescherte. Es war zu einer Zeit, als Irland von Agrarverbrechen stark erschüttert wurde, und ich wusste, dass in einigen der unteren Klassen ein Gefühl des Hasses gegen mich wegen meines Berufs herrschte. Ein Beispiel dafür bekam ich auf der Fahrt *nach* Galway, und da es zu dem anderen Vorfall führte und mich einigermaßen darauf vorbereitete, kann ich es auch erwähnen. Meine Reise nach Galway wurde unternommen, um vier Männer zu hängen, die wegen Schwarzarbeit zum Tode verurteilt waren. Es war insgesamt eine aufregende Reise, denn vier Männer, die von Dublin nach Mullingar im selben Abteil wie ich saßen, gerieten in eine aufgeregte Diskussion über ein politisches Thema, und gerade als wir Killucan verließen, begannen sie heftig zu kämpfen, wobei sie ihre Stöcke und Fäuste so heftig einsetzten, dass ihre Gesichter bald alle mit Blut bedeckt waren. Als der Zug in Mullingar einfuhr, kühlte die Wut so schnell ab, wie sie begonnen hatte. Sie begannen alle, sich gegenseitig zu entschuldigen und sich gegenseitig das Blut aus dem Gesicht zu wischen. In Mullingar stieg ich aus, um etwas zu trinken, um meine Nerven zu beruhigen, denn der Kampf auf so engem Raum hatte mich etwas aufgeregt, obwohl ich nicht daran teilgenommen hatte. Auf dem Bahnsteig sprachen zwei bösartig rau aussehende Gestalten ein paar Worte mit den Männern, die aus meinem Abteil ausgestiegen waren, und folgten mir dann in den Erfrischungsraum, wo sie darauf erpicht zu sein schienen, meine Bekanntschaft zu machen, und bestanden so nachdrücklich darauf, dass ich etwas mit ihnen trinken sollte, dass ich aus Angst, einen Aufruhr zu verursachen, zustimmen musste. Sie fragten mich, wohin ich fahre, sagten, dass sie nach Galway fuhren, und fragten mich in einem für mich besonders bedeutungsvollen Ton, ob ich wüsste, ob Mr. Barry, der Henker, wirklich im Zug sei oder nicht. Sie folgten mir wie zwei Schatten auf den Bahnsteig und stiegen in dasselbe Abteil des Zuges. All das bereitete mir ein ziemlich unbehagliches Gefühl, denn obwohl ich gut bewaffnet war, gibt es nichts im Leben, das ich so sehr fürchte wie die Möglichkeit, einen Menschen in Notwehr töten zu müssen und wegen Mordes vor Gericht gestellt und möglicherweise verurteilt zu werden. Ich war daher sehr erfreut, als zwei Männer in Zivil, von denen ich wusste, dass sie zur Royal Irish Constabulary gehörten, in die andere Hälfte des Waggons stiegen, die zu denen gehörte, in denen es zwei Abteile gibt, die durch eine niedrige Trennwand voneinander getrennt sind. Ich weiß nicht, ob meine beiden groben Gefährten überhaupt bemerkten, dass sich jemand in der anderen Hälfte des Waggons befand, der sie den Rücken zukehrten. Ihr Verhalten schien tatsächlich zu zeigen, dass sie dachten, wir wären allein, aber ich konnte sehen, dass die RIC-Männer sie interessiert betrachteten und jedes Wort, das sie sagten, zur Kenntnis nahmen. Auf dem ganzen Weg von Mullingar nach Athenry bombardierten mich die beiden Kerle mit Fragen und versuchten mit allen Mitteln, mich in eine Diskussion und Meinungsäußerung zu verwickeln. Ich antwortete ihnen so kurz wie möglich, ohne unhöflich zu sein, achtete aber darauf, dass sie aus meinen Antworten nicht zu viele solide Informationen erhielten. In Athenry schlurften sie in die hinterste Ecke des Abteils und diskutierten in theatralischem Flüstern, das ich ihrer Meinung nach offenbar nicht hören konnte, darüber, ob ich „Barry" sei oder nicht. Einer von ihnen wurde ganz aufgeregt und wies darauf hin, dass ich Engländer sei, aus Nordengland käme, dass es im Zug sonst niemanden gäbe, der wie ein Henker aussehe, dass meine Geschichte, ich sei Geflügelkäufer, „alles Blödsinn" sei und dass ich schließlich eine Narbe auf der Wange hätte, die „das eindeutig beweise, verdammt!" Der andere Kerl sagte, dass „der Gentleman in der Ecke ganz sicher ein Gentleman war und kein mörderischer, blutrünstiger Henker", und diese Meinung schienen schließlich beide zu teilen. Als wir in Galway eintrafen, benutzte ich mein Taschentuch und legte dann meine Hand mit dem heraushängenden Taschentuch auf die Fensterbank. Dies war das mit meiner Polizeieskorte vereinbarte Signal, die auf dem Bahnsteig stand und es schaffte, genau gegenüber der Tür zu stehen, als der Zug anhielt. Als ich zwischen diesen kräftigen Kerlen davonmarschierte, sah ich mich um und sah, wie meine beiden Reisegefährten wild gestikulierten und sich gegenseitig beschimpften, weil sie getäuscht worden waren und „den Blagyard, den wir treffen wollten, behandelt hatten". Ich wusste nie, ob sie mir etwas Böses wollten, aber die Polizisten sagten mir, dass sie zwei der rauesten Charaktere in Galway waren.

Die vier zum Tode Verurteilten wurden einer nach dem anderen begnadigt, als der Tag ihrer Hinrichtung näher rückte, so dass ich meine schmerzliche Pflicht nicht mehr erfüllen musste. Ich musste jedoch mehr als eine Woche im Gefängnis von Galway warten und hatte nichts Aufregenderes zu tun, als Zeitungen zu lesen und im trostlosen Gefängnishof umherzulaufen, weil der Direktor es für mich nicht für sicher hielt, mich nach draußen zu wagen. Ich war von Herzen froh, als der letzte Aufschub kam und ich nach Hause gehen konnte. Um möglichst nicht beobachtet zu werden, nahm ich den Mitternachtszug, und da es nur sehr wenige Passagiere gab, sicherte ich mir ein Abteil für mich und machte es mir zum Schlafen gemütlich. Ich wurde nicht gestört, bis wir Mullingar erreichten, wo ich einen Mann bemerkte, der in mein Abteil schaute, dann den ganzen Zug entlangging und schließlich in mein Abteil kam, obwohl andere Abteile im Zug völlig leer waren. Er begann sofort, in einem freundlichen Stil mit starkem amerikanischen Akzent mit mir zu sprechen, aber mir gefiel sein Aussehen überhaupt nicht, also tat ich so, als wolle ich schlafen gehen. Als ich ihn mit meinen halb geschlossenen Lidern musterte, hielt ich ihn für einen „schweren, anständigen" Yankee. Er trug einen großen Schlapphut und einen Cape-Mantel, hatte eine Handtasche mit aufwendigen Silberbeschlägen bei sich und seine Manteltasche zeigte die unverkennbare Silhouette eines Revolvers. Er bombardierte mich mit allen möglichen Fragen zur irischen Politik, fragte mich, wo ich wohne, was ich tue, wo ich in Dublin bleiben werde, und stellte mir eine Menge anderer Fragen, denen ich so gut es ging auswich. Ich sagte ihm unter anderem, dass ich Aykroyd heiße und im Norden Englands wohne, aber nicht viel weiter. Nach einer Weile zog er seinen Revolver heraus und begann ihn auf eine nachlässige Art und Weise zu untersuchen. Da mir diese Wendung der Dinge nicht gefiel, zog ich meine eigene Waffe, die für geschäftliche Zwecke gebaut und doppelt so groß war wie die Waffe des Fremden, und tat so, als würde ich sie sehr sorgfältig untersuchen. Der Fremde bat mich, ihn meine „Waffe" untersuchen zu lassen, aber ich sagte ihm, dass es eine Waffe sei, die ich aus Angst vor Unfällen nicht gern herumgebe, und nach einem letzten Blick auf die Ladung steckte ich sie so in meine Manteltasche zurück, dass sie den Fremden bedeckte, und hielt meinen Finger am Abzug, bis wir Dublin erreichten. Der Amerikaner versuchte die ganze Zeit, ein Gespräch aufrechtzuerhalten, aber ich war nicht sehr ermutigend und dachte, dass er meine Gesellschaft bis wir Dublin erreichten, gründlich satt haben würde. Aber als ich aus dem Bahnhof kam und zu meinem Hotel fuhr, war ich überrascht, dass er in dasselbe Auto sprang und sagte, er würde in dasselbe Hotel fahren wie ich. Nachdem ich mich gewaschen hatte, ging ich in den Frühstücksraum hinunter und hörte, wie der Amerikaner die Kellnerin fragte, ob sie Mr. Berry kenne, worauf sie antwortete, dass sie ihn kenne; und dann, ob Mr. Berry an diesem Morgen da gewesen sei, worauf sie antwortete, dass sie ihn nicht gesehen habe. Tatsächlich hatte sie ihn nicht gesehen, und als sie in die Küche ging, schlich ich den Gang entlang, um ihr zu sagen, dass mein Name *vorläufig* Aykroyd sei. Im Kaffeezimmer fand ich auf dem Kaminsims einen an mich adressierten Brief. Der Fremde untersuchte ihn und fragte mich, ob ich den Henker vom Sehen kenne. Als es fast Zeit war, mein Boot zu erreichen, blieb der Fremde immer noch an mir kleben und schlug im letzten Moment vor, dass wir zusammen etwas trinken sollten. Wir gingen zu Mooney's, wo ich den Barkeeper kannte, dem ich beim Eintreten kräftig zuzwinkerte, was ihm zeigte, dass etwas im Gange war. Nachdem wir unsere Getränke bestellt hatten, fragte ihn der Amerikaner, ob er Berry, den Henker, kenne, was er wahrheitsgemäß mit Ja beantwortete. Der Amerikaner fragte dann, ob er wisse, ob Berry mit der Nachtpost aus Galway gekommen sei, und fügte hinzu: „Man hatte erwartet, dass er mit diesem Zug reist, aber Mr. Aykroyd und ich kamen vorbei und sahen niemanden wie ihn, obwohl ich den ganzen Zug sorgfältig abgesucht hatte.“ Der Barkeeper wusste natürlich nichts, also tranken wir aus und ich ging zu meinem Auto. Der Amerikaner schüttelte mir die Hand und wünschte mir eine angenehme Reise. Ich war ziemlich knapp dran und durch schnelles Fahren erreichten wir gerade noch rechtzeitig den Kai, damit ich an Bord gehen konnte. Als das Schiff vom Kai ablegte, kam ein Auto mit rasender Geschwindigkeit angerast und der Passagier, den ich als meinen Amerikaner erkannte, gestikulierte wild, als wolle er, dass das Schiff anhielt. Aber wir legten mit Dampf und Flut ab und er fuhr ein Stück weit am Kai entlang und winkte wild, aber vergeblich mit den Händen.

Als ich das nächste Mal bei Mooney war, erfuhr ich weitere Einzelheiten. Der Fremde war zurückgegangen, um noch etwas zu trinken, und nachdem wir ein paar Minuten geplaudert hatten, erzählte ihm der Barkeeper, dass sein Freund Mr. Aykroyd der Berry sei, nach dem er gefragt hatte. Als er das hörte, stieß er ein halbes Dutzend Flüche aus, rannte zu einem Auto und fuhr in rasender Eile davon.

Ich habe ihn und den Barkeeper seitdem nie wieder gesehen und ich wusste nie, was die Motive für sein seltsames Verhalten waren.

Anhang.
DAS PROBLEM MIT „ANSWERS" LIMITED.

E LETZTEN Jahres (1890) sah ich mich gezwungen, eine Verleumdungsklage gegen die „Answers" Newspaper Co., Ltd. einzureichen. Da der Fall damals ausführlich berichtet wurde, glaube ich, dass ein aus den Spalten des *Bradford Observer* vom 17. März 1890 zusammengefasster Bericht zufriedenstellender sein könnte als meine eigene Darstellung des Falls. Ich gebe ihn daher in Form eines Anhangs wieder und nicht in dem Kapitel „ Die Presse und die Öffentlichkeit ", zu dem er gehört.

In diesem Verfahren traten Herr Waddy, QC, MP und Herr Waugh (unter der Leitung von Herrn JJ Wright) für den Kläger, Herrn James Berry, den öffentlichen Scharfrichter, von 1, Bilton Place, Bradford, auf; und Herr Cyril Dodd, QC, trat für die Beklagten, die „Answers" Newspaper Company, Limited, auf. Der Kläger forderte 500 Pfund für Verleumdung, die in der Zeitschrift „Answers" gedruckt und veröffentlicht wurde; die Beklagten gaben den Druck und die Veröffentlichung der Verleumdung zu und zogen zur Schadensminderung alle moralischen Anschuldigungen gegen Berrys Charakter zurück, zahlten eine Summe von 40 Schilling an das Gericht und entschuldigten sich für die verwendeten Worte.

Mr. Waddy sagte im Namen des Klägers – und er dachte, die Bemerkung würde sich ihrem Urteil empfehlen –, dass kein Mann im Königreich, wer immer er auch sein und welchem Beruf er auch nachgehen möge, aus welchem Grund auch immer absichtlich beleidigt und verhöhnt werden dürfe, solange er seinen Pflichten in Ehrlichkeit und Integrität nachkäme; und er glaubte, wenn sie hörten, welche Unwahrheiten über Berry gedruckt wurden, würden sie ihm zustimmen, dass Mr. Berry, obwohl er der gewöhnliche Henker war, als nüchterner und ehrenwerter Mann Anspruch darauf hatte, von ihnen vor mutwilligen Beleidigungen geschützt zu werden. Er würde ihnen die Fakten erzählen. Es stellte sich heraus, dass irgendwann im September oder Oktober 1889 ein Mann namens White zu ihm kam und sich als Korrespondent einer amerikanischen Zeitung ausgab und Mr. Berry sagte, dass er seine Ansichten zu dem sehr interessanten Thema der Hinrichtungen mittels Elektrizität hören wollte und dass seine Meinung angesichts seiner Erfahrung mit Hinrichtungen von sehr großer Bedeutung sei. Er bot Herrn Berry eine Gebühr von 3 Pfund an, wenn er ihm das gewünschte Interview geben würde. Diese Gebühr wurde bezahlt und Herr Berry besprach die Frage tatsächlich mit ihm. Er tat dies unter dem Versprechen, sowohl mündlich als auch schriftlich, dass alles, was er sagte, in diesem Land nicht veröffentlicht werden sollte. Herr Waddy las dann den Artikel, der in „Answers" erschienen war, aus dem ich nur Auszüge wiedergeben muss.

Er ist ein kräftiger, untersetzter Mann von mittlerer Statur und sein Gesicht wirkt auf den ersten Blick nicht unangenehm, doch bei näherer Betrachtung stellt man fest, dass seinem Gesicht mehrere moralische Elemente fehlen, was darauf hindeutet, dass der Schöpfer ihn speziell für die Zwecke geschaffen hat, denen er dient.

Ein kritischer Beobachter würde wahrscheinlich sagen, dass seine Augen zu nahe beieinander stehen und dass ihr Glanz eher dem eines Kabeljaus als dem eines Adlers entspricht, während Mund und Kinn zwar Entschlossenheit anzeigen, die Stirn jedoch einen Eindruck mangelnder Ausgeglichenheit vermittelt.

Ein Phrenologe würde vielleicht feststellen, dass die Beulen am Schädel, die auf Gefühl und Scham, Mitleid und Sympathie hinweisen, auf Mr. Berrys Kopf nicht besonders stark ausgeprägt sind.

„Wurden Sie schon einmal von den Freunden von Kriminellen bedroht, die Sie gehängt haben?"

„Oft", antwortete Mr. Berry, „aber ich schenke ihnen keine Beachtung. Ich tue meine Pflicht und stehe unter dem Schutz der Regierung."

„Es hieß, wenn Mrs. Maybrick nicht begnadigt worden wäre, hätte sich in Liverpool ein Mob gebildet, um zu verhindern, dass Sie sie hängen."

„Sie hätten mich nie gesehen", sagte Mr. Berry. „Ich wäre im Gefängnis gewesen und hätte sie angeprangert, bevor der Mob wusste, dass ich da war, und ich wäre im Zug gewesen und auf dem Weg nach Hause, bevor sie wussten, dass sie tot war. Als ich Poole in Dublin angeprangert habe, der den Informanten Kenny ermordet hatte – O'Donnell, der den anderen Informanten, Carey, ermordet hatte, war am Tag zuvor in Newgate angeprangert worden –, gab es in Dublin einen großen Mob, der mich daran hindern wollte, ins Gefängnis zu kommen, und niemand draußen wusste, dass Poole angeprangert wurde, bis ich auf dem Boot war und nach Holyhead dampfte."

„Wie schaffst du das?", fragte ich noch einmal.

„Ich werde es Ihnen sagen", sagte Mr. Berry voller Selbstvertrauen. „Ich rasiere mir den Bart ab und ziehe Frauenkleider an. So bin ich ins Dubliner Gefängnis gekommen, mit meinen Seilen und Riemen unter meiner Kleidung, und so habe ich schon viele Jobs erledigt."

Berry hat in seinem Leben nie Frauenkleider angezogen. Er hatte nie Gelegenheit, sie anzuziehen, und es gab nicht den geringsten Schatten einer

Grundlage für diese Aussage. Die Leute, von denen in dem Artikel die Rede ist, dass sie von Berry gehängt wurden, wurden überhaupt nicht von ihm gehängt. Diese Verleumdung wurde am 23. November 1889 gedruckt ›und sofort wurde Klage eingereicht. Die Beklagten erklärten nun zur Schadensminderung, dass sie bestritten, dass die Worte die Auslegung hätten, die der Kläger ihnen zugeschrieben hatte, zogen alle Unterstellungen zurück, gaben zu, dass diese unbegründet waren, und entschuldigten sich für den beanstandeten Sachverhalt. Aber die Entschuldigung und der Rückzug erschienen nur in den Klageschriften. Von diesem Tag an bis heute hat es in der Zeitung, in der jede Woche 158.000 ihrer Zeitungen erschienen, kein einziges Wort gegeben, das sich für ihr Vorgehen entschuldigte. Im Hinblick auf eine Schadensminderung hätte es ihnen freigestanden, diesen Weg zu wählen, doch sie hatten nichts weiter getan, als ihre Entschuldigung aktenkundig zu machen und dem Gericht die stattliche Summe von 40 Schilling zu zahlen, die ihrer Meinung nach ausreichte, um das Unrecht wiedergutzumachen.

Anschließend wurde Herr Berry in den Zeugenstand gerufen und unterstützte die Aussagen von Herrn Waddy.

Anschließend äußerte sich Herr Waddy zum gesamten Fall.

Herr Dodd sagte für die Angeklagten, dass die Eigentümer der von ihm vertretenen Zeitung so sehr darauf bedacht waren wie nur irgendjemand, dass eine angemessene Gerechtigkeit zustande käme. Natürlich behauptete Berry nicht, dass tatsächlich Geld verloren ging. Ein weiterer Aspekt eines solchen Falles war die Frage, ob die Zeitung zu der Sorte gehörte, die sich von persönlichen Angriffen ernährt. Er führte aus, dass der allgemeine Charakter der Zeitung, ein Punkt, dem Geschworene gerne Beachtung schenken, gut sei. Die fraglichen Artikel wurden aus einer amerikanischen Zeitung kopiert, und die Eigentümer von „Answers" waren in der Lage, in die Irre geführt worden zu sein, genauso wie die Eigentümer der *New York Sun* durch die große Fantasie von Herrn White in die Irre geführt worden waren. Berry schien sehr schnell in seinen Methoden zu sein, denn seine Klage wurde innerhalb weniger Tage nach Erscheinen des Artikels zugestellt, und ohne dass seinen Mandanten die Möglichkeit gegeben wurde, zu versuchen, sich in irgendeiner Weise zu entschuldigen, die ihm zusagte. Seine Mandanten hatten versucht, dem Fall auf vollkommen vernünftige Weise zu begegnen. Sie äußerten keinen Augenblick lang Zweifel daran, dass sie es mit einem ehrlichen, anständigen und erfahrenen Mann zu tun hatten, sie zogen alle angeblichen Unterstellungen zurück und hatten auch nicht die Absicht, welche zu machen; und er behauptete, dass die beste Aussage, die möglich sei, die von einer Person sei, die etwas Abfälliges über ihn gesagt habe. Berry sei über die tatsächlichen Prozesskosten hinaus keinerlei finanzieller Schaden entstanden. Er schlug daher vor, dass die Jury ein Urteil fällen sollte, das zeigen würde, dass der Kläger völlig Recht hatte, die Sache vor Gericht zu bringen, dass sie jedoch der Meinung seien, dass die Beklagten alles getan hätten, um den Schaden und die Unannehmlichkeiten zu mildern, die durch die Veröffentlichung der Verleumdung entstanden seien.

Anschließend fasste Seine Lordschaft den Fall zusammen und die Jury entschied zugunsten des Klägers und sprach ihm 100 Pfund Schadensersatz zu.

ENDE.

FUßNOTEN:

[A] Dieses Kapitel wurde wörtlich aus Mr. Berrys Notizbuch übernommen. Auslassungen sind gekennzeichnet....— ED.

[B] Sie selbst hielten die Länge des Tropfens für ausreichend, wie ich im *Standard gelesen habe* .

www.ingramcontent.com/pod-product-compliance
Lightning Source LLC
LaVergne TN
LVHW051551170726
843492LV00006B/2043